ISBN 978-1-332-52418-1
PIBN 10394959

1 MONTH OF
FREE
READING

at

www.ForgottenBooks.com

By purchasing this book you are eligible for one month membership to ForgottenBooks.com, giving you unlimited access to our entire collection of over 1,000,000 titles via our web site and mobile apps.

To claim your free month visit:

www.forgottenbooks.com/free394959

Vincent Bona, Imprimeur de S. M., à Turin.

DU

BIBLIOPHILE

RECUEIL TRIMESTRIEL CONTENANT:

iverses pièces curieuses anciennes et modernes; — 2º Des
nalyses critiques et des extraits de diverses publications
intéressantes anciennes et modernes; — 3º Une
correspondance, des mélanges philosophiques
et littéraires, des anecdotes, etc.

Directeur, M. JULES GAY

de l'Institut National de Genève.

Première Livraison

Printemps 1876

TURIN

chez **JEAN GAY**, Libraire-Editeur

6, Corso del Re.

1876

PRÉFACE

Non hic piscis omnium.

ECI n'est point une publication destinée aux jeunes demoiselles, ni à leurs frères et cousins, étudiants de l'Université, ni à leurs professeurs, ni aux avocats, ni aux magistrats, ni aux hommes d'état, ni aux banquiers, ni aux fabricants, ni aux ouvriers, ni aux paysans, ni aux bourgeois; non plus qu'aux personnes pieuses, ni aux saints ecclésiastiques qui leur enseignent ce qu'elles doivent croire. Elle est destinée à quelques individus seulement, répandus dans diverses classes de la société et en formant

une imperceptible fraction, aux *bibliophiles*.
Les bibliophiles ne sont pas ce qu'un vain peuple pense, de simples *amateurs* de curiosités,
d'objets précieux, de reliures extraordinaires,
d'incunables introuvables, ou même encore
des amis éclairés de beaux et bons livres;
le vrai bibliophile c'est, selon nous, le fouil-
leur infatigable, l'examinateur attentif et le
sagace appréciateur des livres vieux ou nouveaux. C'est l'homme qui, tenant dans ses
mains un bouquin crasseux, s'écrie:

> La voilà ! Dieux ! que je suis aise !
> Oui, c'est la bonne édition.
> Voilà bien, pages neuf et treize,
> Les deux fautes d'impression
> Qui ne sont pas dans la mauvaise.

Un riche amateur qui l'entend lève les
épaules. Il possède, lui, toute une bibliothèque de livres magnifiquement reliés, des
livres dont un seul quelquefois lui a coûté
plus de cinquante mille francs; eh bien, ce
richard, avec sa bibliothèque qui vaut un
million pour le moins, est quelquefois fort
peu bibliophile, tandis que l'homme au livre
crasseux en est certainement un. Ce bibliophile n'est pas séduit par les fautes d'impression de son bouquin, mais il est heureux parce
qu'il a sauvé un exemplaire intégral con-

tenant de certains passages qui ont fait condamner l'auteur et l'éditeur à l'amende, à la
prison et quelquefois même à la mort.

Quand on se fâche contre les paroles, contre les livres des autres, c'est signe que l'on
a tort; quand on fait disparaître ces paroles
en détruisant les livres jusqu'au dernier, on
fait disparaître la vérité. Sauver cette vérité est un service que le bibliophile parvient à rendre à ses semblables. De même
que la police cherche à prévenir les vols et
les assassinats qui se commettent trop souvent, le bibliophile, l'œil toujours ouvert,
surveille attentivement et sans bruit, avec
une fermeté et une persévérance inaltérables,
ces tentatives de destruction, et parvient
heureusement à en faire avorter beaucoup.

Comme un vrai sage, il ne témoigne, en
faisant cet acte honorable, ni jactance, ni
orgueil. Il garde, au contraire, prudemment
entre ses mains, ces écrits auxquels il a accordé un asile sûr.

Malheureusement, les jours du bibliophile,
comme ceux des autres hommes, sont comptés.
Il sait que, à sa mort, quelques-uns de ces
chers livres, qu'il a sauvés avec tant de peine
et d'angoisses, seront peut-être victimes de
la faiblesse ou de l'indifférence de ses hé-

ritiers, qui les détruiront ou les laisseront détruire par un fanatique ; alors il arrive souvent que les bibliophiles, propriétaires de riches et belles collections, les léguent, afin d'en assurer une religieuse conservation, à la bibliothèque publique de leur ville.

Il semble que, alors, le livre a trouvé un refuge assuré contre tous les mauvais vouloirs ; mais hélas ! et les bibliophiles le savent parfaitement eux-mêmes, il n'en est pas ainsi. Le parti dominant du jour place toujours ses séides dans toutes les fonctions publiques, et le premier soin de ceux-ci est de faire disparaître, d'ensevelir dans des *réserves*, dans des *enfers*, ce qui contrarie leur parti. On ne brûlera pas les livres, oh non ! mais cela reviendra exactement au même ; on les étouffera. La vie d'un livre est d'être lu : celui qu'on enferme sous clé n'est visité que par les vers, et, soit d'une façon, soit de l'autre, un jour il aura disparu sans que personne, sans que même les bibliothécaires en sous-ordre l'aient jamais vu. Quelquefois, jusqu'au souvenir même de son existence dans le passé s'efface !

En même temps que ces destructeurs de livres font disparaître la pensée humaine qui ne leur convient pas, ils veulent à toute force inculquer dans les cerveaux de leurs semblables les idées qui leur plaisent. Ils forment alors des sociétés pour la propagation de ce qu'ils appellent *les bons livres*, pour la création et la diffusion jusqu'à la profusion de *bibliothèques populaires*, de *bibliothèques de la jeunesse*, etc, etc., où ils s'évertuent, non à fortifier et à orner les esprits, mais à les façonner, à les assouplir à leur manière de voir; ce qui, en fin de compte, par la suppression du libre jugement, produit leur abrutissement. On n'a pas besoin de faire disparaître violemment ces sortes de livres; le dédain public en fait ordinairement justice avant la fin de la génération qui les a vu naître. De plus, il va sans dire, que, à quelques exceptions près, ils sont bannis des collections des bibliophiles, de même que les mets répugnants sont bannis de la table des gourmets.

Pour résister à la guerre à outrance faite aux écrits indépendants par les fanatiques de toute espèce, il y a déjà longtemps que les bibliophiles ont reconnu la nécessité de faire, pour la vitalité de l'esprit humain, ce que les autres font pour son engourdissement; c'est-à-dire, de faire imprimer divers ouvrages inédits ou réimprimer d'anciens livres devenus très-rares. Ces impressions, ils les font toujours à petit nombre, car ils n'ont, eux, ni but de propagande, ni esprit de parti, ni intérêt commercial pour mobile.

Mais un livre, surtout quand il est volumineux, n'est pas toujours assez intéressant dans toutes ses parties pour valoir la peine d'une réimpression complète, et il suffirait parfaitement d'en conserver les parties ayant une valeur réelle.

En 1836, M. le marquis Du Roure eut, le premier, l'idée de faire un recueil de ce genre, et il le publia sous le titre: *Analecta biblion, ou Extraits critiques de diverses livres rares oubliés ou peu connus.* Il en fit paraître successivement deux volumes in-8 de près de 500 pages chacun et contenant ensemble des analyses et des citations de près de 190 ouvrages différents, rangés dans l'ordre chronologique, depuis le XIII⁰ siècle jusqu'à l'an 1783, date de la dernière production dont M. Du Roure se soit occupé. Cet ouvrage, qui est devenu très-rare, a au moins triplé de valeur; mais, bien qu'il ne manque pas d'intérêt, comme il est écrit d'un style un peu lourd et que, les vues critiques de l'auteur, n'étant pas d'un ordre bien relevé

il est resté fort incomplet et est beaucoup
moins piquant qu'il n'eut pu l'être, il demanderait à être remanié.

L'exemple de M. Du Roure a été suivi
avec succès par plusieurs bibliophiles, et
nous nous contenterons de citer ici Girault
de Saint-Fargeau (*Revue des romans. Recueil d'analyses raisonnées*, 2 vol. in-8, en
1839), Viollet-Le-Duc (*Bibliothèque poétique*, avec le Supplément, 1845-1847), et
quelques catalogues raisonnés et bien connus
des amateurs.

M. D*** nous écrivait récemment à ce sujet : « L'examen de ce volume (du *Procès des
raretés*) m'a confirmé dans une idée que
j'avais déjà depuis longtemps, et que d'ailleurs vous aviez peut-être déjà comme moi ;
c'est que l'on pourrait faire des volumes très-
intéressants, utiles et amusants, en réunissant toutes les critiques vraiment piquantes,
les bonnes plaisanteries et les gaillardises
spirituelles qui se trouvent éparses dans
toutes sortes d'ouvrages rares ou de recueils
volumineux et diffus que l'on ne possède pas,
ou que, les posséderait-on , on n'a pas le
temps d'analyser soigneusement. Vous feriez
ainsi des volumes charmants, dans le genre
du *Bibliophile fantaisiste*, et pour lesquels

les vrais amis des lettres vous seconderaient
par le concours le plus actif. »

Ce concours bienveillant des bibliophiles
nous arrive en effet spontanément, et nous
saisissons ici cette occasion de leur en offrir
tous nos remerciements et de leur en expri-
mer notre vive reconnaissance. De notre
côté, nous pouvons leur affirmer que nous ne
sommes inféodés à personne ni à aucun parti
quelqu'il soit. Avant tout, nous cherchons
la vérité; c'est elle qui fait reconnaître l'u-
tile et l'agréable pour tous. *Ridendo dicere
verum quid vetat?*

Quant à l'esprit de notre critique, ce sera
d'être *ami de tout le monde*. On dit souvent:
L'ami de tout le monde n'est, au fond, l'ami
de personne; et il n'y a d'amitié qu'entre les
gens qui ont les mêmes intérêts, ou les mêmes
goûts, les mêmes opinions, les mêmes occupations. — Certainement, les occupations, les
opinions et les goûts diffèrent entre nous;
sans cela, le monde serait bien monotone
et il n'y aurait guère de progrès possible.
Mais, quant aux intérêts, il serait au contraire bien désirable, que de très-divergents
qu'ils sont encore aujourd'hui, ils pussent
s'harmoniser de plus en plus, et que l'intérêt
de tous devint l'intérêt de chacun.

Utopie! s'écrie-t-on, jamais les intérêts des puissants, des grands du monde ne s'identifieront avec ceux des misérables; et entre égaux même, entre industriels, entre savants, la concurrence, toujours active, quelquefois acharnée, entretient la division des intérêts. On ne pourra jamais détruire la concurrence, car la concurrence, c'est le progrès par la liberté.

D'accord, mais de la liberté il faudrait ne pas séparer la fraternité; et pour cela, il suffirait que, à la concurrence, succédât l'émulation, résultat de l'union de l'intérêt général avec celui de l'individu par l'association. Cela arrivera par la force des choses à mesure que la science sociale mieux comprise modifiera et la société et les individus; l'une par des réformes successives, et les autres par une éducation en harmonie avec ces réformes.

Selon nous, c'est l'association qui peut seule faire naître l'union et l'amitié réciproque entre tous les êtres humains, quels que soient leur sexe, leur âge, leur pays, leur couleur, leur rang, leur fortune; qui seule peut leur assurer la sécurité, la paix sincère et véritable et, en même temps, la plus grande somme de liberté possible, c'est-à-dire, non

nuisible aux autres. — Toute la question,
encore à élucider, il est vrai, est que l'association soit bien comprise et sagement réa-
lisée.

Par la pétulance et par la violence, on
ne réalise nul progrès ; on y arrive, au contraire, par la prudence, l'étude persévérante
et l'instruction générale dans les lettres, les
sciences et les arts. Ces sentiments sont les
nôtres et nous ne demandons qu'à travailler
dans ce sens. Grace au bienveillant concours
des bibliophiles, nul doute que, d'ici à quelques années nous ne parvenions à élever un
monument littéraire de la première utilité.
— De la première utilité ? — Nous le croyons ;
permettez-nous de vous exposer nos raisons :

On ne saurait contester sérieusement que
la satire ne soit utile pour mettre en garde,
d'abord celui qui en est l'objet, et ensuite
les autres hommes, contre les conséquences
des erreurs qu'elle dévoile ; tandis que la
flatterie est funeste à tout le monde, à l'individu, à la société et même à l'appréciation
de la vérité. En sauvant les satires écrites
et les pièces libres, qui sont les épaves de
la pensée humaine, l'œuvre des bibliophiles
est donc utile dans les temps ordinaires ; mais
combien ne l'est-elle pas davantage dans la

malheureuse époque de guerre sociale où
nous vivons? Cette masse de gens fanatisés,
trop imbus encore des erreurs de l'antiquité
(nous voulons parler de ces funestes vertus
guerrières, héroïques et surtout destructri-
ces), n'offre-t-elle pas un immense danger
pour la civilisation qui semble quelquefois me-
nacer de sombrer encore comme au moyen-
âge? A tous ces hommes de violence, à ces
vantards de tuerie, non-seulement la satire,
mais même la gaîté et la plaisanterie sont
odieuses: « Tout cela amollit l'âme, » di-
sent-ils. La gaîté, en effet, faisant ressortir
toute la sottise de leurs fureurs brutales,
ramène l'esprit à la sagesse et à la raison.

Oh liberté! mère de tous les progrès, déité
si aimable et si recherchée! on ne peut guère
encore jouir de toi dans tous ces pays où
tu as tant d'époux jaloux et féroces qui,
pour être les seuls à te posséder, te mettent
un cadenas de sûreté et te chargent de fers!
Les bibliophiles, en rassemblant tes écrits, con-
tribuent à te sauver de ces violations conti-
nuelles. Ils sont tes défenseurs, ils travaillent
à calmer et à rasséréner les esprits, et, nouvelle franc-maçonnerie de l'avenir remplaçant
celles du passé qui ont fait leur temps, ils ac-
complissent une œuvre d'utilité incontestable.

C'est donc forts de notre impartialité, de notre bon droit, et de l'utilité de notre entreprise, que nous commençons aujourd'hui la publication des *Analectes du bibliophile*, et que nous espérons qu'elle sera bien accueillie, non-seulement par ceux à qui elle s'adresse, mais même par ceux qu'elle critiquera; car notre critique leur sera toujours, grâce à notre sincérité et à l'exactitude de nos citations, plus avantageuse que notre silence.

Depuis quelques années, les ennemis de la liberté de la presse ont trouvé un nouveau et excellent moyen d'étouffer les publications nouvelles; c'est de prétendre que ces publications forment des propriétés particulières, ou pour mieux dire des monopoles, et qu'il est interdit, dans tous les pays à la fois, à tous autres qu'aux possesseurs de ces monopoles, de faire réimprimer, ne fût-ce que quelques lignes, ni traduire lesdits ouvrages.

Qu'en arrive-t-il? C'est que, autrefois, aussitôt qu'un ouvrage nouveau paraissait, il était cité dans toutes les gazettes, réimprimé et traduit dans beaucoup de pays, et que aujourd'hui, de peur des procès, on n'en parle dans les gazettes que si l'on est payé pour cela, on ne vous réimprime ni ne vous traduit, et que votre ouvrage, pour lequel votre libraire a fait, d'accord avec vous, imprimer des titres de dix éditions successives, a bien de la peine à écouler réellement les mille ou deux mille exemplaires auxquels il a été tiré.

Un homme qui a la conscience chargée d'un grand nombre de paradoxes, Alphonse Karr, a inventé celui-ci : « *La propriété littéraire est une propriété.* » Si cet aphorisme était vrai, M. Alphonse Karr aurait seul le droit de le reproduire ; il n'y a que ceux qui le croient faux qui pourraient se permettre cette reproduction ; mais c'est, au contraire, ceux qui le prétendent vrai (et qui sont probablement persuadés du contraire) qui se la permettent, et cela sans autorisation préalable, sans payements de droits ! En vérité, il y a ici, dans le fond, une singulière comédie.

Définissons les termes : il n'y a, il ne peut y avoir *propriété* (négligeant, bien entendu, les acceptions figurées de ce mot), que là où il y a une matière appropriable. La parole qui sort de ma bouche, les idées que j'exprime ou que je rends d'une manière quelconque, ne m'appartiennent pas plus que le souffle qui sort de ma bouche et les traces que mon pied laisse sur la poussière. Lorsque ces paroles ou ces idées sont écrites, imprimées, dessinées, peintes, etc., le manuscrit, le livre, le dessin, le tableau étant des objets appropriables, sont des propriétés. Maintenant, je trouve que ce n'est pas assez, et je demande à avoir le droit d'empêcher qui que ce soit, et à perpétuité, de reproduire ce manuscrit, ce livre, ce dessin, ce tableau. Ce n'est plus ma *propriété*, c'est un *privilége* que je colore de ce nom que je réclame. Jamais Raphaël n'a demandé que l'on empêchât d'autres artistes de faire une *Belle Jardinière* comme la sienne, s'ils le pouvaient. Lorsque Martial se plaint que l'on lui vole les fruits de son génie, il ne fait pas de reproches de ce qu'on fasse de nombreuses copies de ses ouvrages, mais bien de ce que des plagiaires s'en attribuent la paternité. Les auteurs étaient alors bien éloignés de réclamer contre la reproduction de leurs ouvrages, car ils savaient qu'on ne reproduit que les bons, et que plus on les reproduit, plus on en augmente la célébrité. Ainsi, à Paris, au quatorzième siècle, chaque libraire était tenu de confier les manuscrits à quiconque voulait les transcrire, moyennant honnête rétribution et satisfac-

tion aux règlements de l'Université, et la
même disposition était en vigueur dans une
partie de l'Allemagne. C'est à l'établissement de l'imprimerie que les priviléges durent leur origine. Les libraires, ayant fait
des dépenses pour imprimer certains livres,
sollicitèrent de l'autorité le droit d'empêcher leurs confrères, dans le même pays,
de réimprimer ces ouvrages et de les vendre,
pendant un petit nombre d'années jugé nécessaire pour l'écoulement des éditions.

Ces priviléges n'avaient rien de commun
avec cette invention toute récente qu'on
appelle le droit de propriété des auteurs
sur leurs ouvrages. Ce n'est qu'en 1761,
qu'un arrêt du Conseil privé accorda aux
petites filles de La Fontaine le privilége des
œuvres de leur aïeul. De pareils priviléges
furent accordés depuis à d'autres auteurs.
Tous les priviléges, tant d'auteurs que de
libraires, furent abolis par l'Assemblée Nationale, en 1789; mais les artistes et les gens
de lettres réclamèrent: en 1793, la Con-
vention leur reconnut un droit de *propriété
intellectuelle* et, en conséquence, leur accorda un privilége temporaire sur leurs ouvrages.

Les auteurs n'y gagnèrent rien. Ils s'imaginèrent que c'était parce que la durée du monopole qui leur avait été concédé n'était pas assez longue. On augmenta cette durée. Ils ne furent pas encore contents, et leurs exigences s'accrurent à mesure qu'on leur accordait davantage. Aujourd'hui, ils demandent que leur droit de propriété soit absolu, c'est-à-dire perpétuel et universel. Il n'y aura plus aucun lieu dans les deux hémisphères où l'on puisse réimprimer leurs ouvrages. On ne pourra pas même les traduire. On ne pourra ni chanter, ni exécuter la musique d'un compositeur. Mieux encore, s'il sort quelques paroles de la bouche d'un individu, soit en public, soit en particulier, personne ne pourra se permettre de les reproduire !!!

Examinons les conséquences du monopole perpétuel réclamé par les auteurs :

Je m'appelle Molière ; supposons qu'à l'heure de ma mort, un religieux fanatique me persuade que, non-seulement mon *Tartuffe*, mais toutes mes œuvres de théâtre sont de damnables inventions ; je lui léguerai ma propriété sur ces ouvrages, afin que sa sainte société en empêche sévèrement toute espèce de reproduction et en détruise jusqu'au dernier exemplaire.

J'ai produit quelque chose de mauvais, de faux, d'inepte ou de pernicieux ; pour me réfuter, ce qui serait fort utile, il faudrait reproduire tout ou partie de mon écrit. Personne n'en aura le droit !

Si on veut connaître le propriétaire d'un champ, rien n'est plus facile : les registres de la commune vous l'indiqueront. — Vous trouvez dans la rue une pièce de quarante francs, vous l'allez porter chez le commissaire de police, et si au bout d'un an, personne ne l'a réclamée, vous aurez le droit de vous en servir à votre profit. — Mais, en littérature, il n'en est pas ainsi ; indépendamment des auteurs anonymes, combien y a-t-il d'auteurs, même peu anciens, dont on ne retrouverait jamais, quoi qu'on fît, ni la trace, ni la famille, ni l'éditeur, et qu'on ne pourrait dès lors réimprimer, car un bon procès vous tomberait sur la tête au moment où vous vous y attendriez le moins ?

Nous sommes convaincus que les auteurs se leurrent singulièrement sur les avantages qu'ils retireraient des énormes concessions qu'ils réclament, et nous croyons, tout au contraire, que la liberté la plus absolue et la plus complète accordée à tout le

monde, comme elle existait jadis, de reproduire tout ou partie de leurs œuvres, et
cela sans le moindre droit à leur payer,
leur serait infiniment plus profitable. En
effet, il est évident qu'un libraire n'est jamais tenté de réimprimer quelque chose qui
n'est pas bon et qui ne saurait plaire au
public, puisque cela le constituerait en perte.
La meilleure réclame qui puisse être faite
à un auteur, c'est donc la multiplicité des
réimpressions que son œuvre obtient et qui
forment, en quelque sorte, son brevet d'excellence. Anciennement, un auteur ne manquait jamais d'énumérer parmi ses titres à
la confiance du public, toutes les contrefa-
çons, toutes les traductions et toutes les imitations qu'on en avait faites. Le public est
un peu méfiant, et avec raison, de l'excellence des auteurs et de leurs livres, et,
pour l'encourager, souvent un auteur ou
un éditeur, avant de publier un ouvrage,
s'efforce d'obtenir la publication de tout ou
partie dudit dans un journal ou dans une
revue accréditée. Sans l'aide de ces diverses
impressions, un livre sort rarement de l'obs-
curité, et il a le sort de ces pièces de théâtre
qui sont accueillies dans les journaux par
un concert unanime de louanges, mais dont

bientôt, le public faisant complètement défaut, il faut arrêter les représentations.

Quand un livre était contrefait, l'édition
donnée par l'auteur s'en vendait toujours
mieux, et naturellement elle devait toujours
être supposée la meilleure et la plus correcte.
Plus le succès à l'étranger était grand, plus
l'auteur pouvait lui-même donner d'éditions
de son œuvre. Les bibliographes savent parfaitement qu'aucun livre aujourd'hui n'obtient, non pas seulement le nombre des réimpressions qui se faisaient sous l'ancien ré-
gime, de toutes parts, mais celui même des
éditions données alors par l'auteur. Où ce
dernier vend aujourd'hui une ou deux éditions, il en vendait dix, et cela parce qu'il
s'était fait quinze ou vingt réimpressions de
son ouvrage à l'étranger ou même en France.
Ce que gagnait l'auteur surtout, c'était la
notoriété, la considération; bien des carrières
s'ouvraient devant lui; les honneurs le ve-
naient chercher. Aujourd'hui, à valeur égale,
un écrivain ne pourra percer; son nom et
son œuvre resteront inconnus.

En réalité, la partie la plus lésée dans l'affaire, c'est le public. Lui, à qui appartient
toute la *publicité*, tout lui est enlevé, non-
seulement les grandes compositions, les gran-

des œuvres, etc., lui sont soustraites, mais
les imitations ou traductions d'ouvrages
étrangers (1), les chrestomathies, les antho-
logies, les recueils, les cours de littérature, la critique, les appréciations sincères,
les extraits et même les citations, etc., de-
viennent, sinon impossibles, du moins très-
difficiles.

En principe, que MM. les auteurs veuillent
donc bien reconnaître ce fait : quand ils émet-

---

(1) « L'éditeur, qui aura eu d'abord à payer le
droit de faire traduire l'œuvre en question, puis
le prix de la traduction, fera exécuter celle-ci, on
peut y compter, au meilleur marché possible,
assuré qu'il sera d'avance de ne pas avoir une
concurrence. En admettant qu'un éditeur soit un
homme de goût et s'intéresse par lui-même à l'œuvre en question, il lui cherchera un bon inter-
prète, mais toujours un seul, bien entendu ; or
une seule version, faite même par un homme de
talent, sera toujours une traduction inférieure,
parce qu'une bonne ne peut se produire qu'après
plusieurs autres et à l'aide de celles-ci. Si le dé-
cret du 28 mars 1852 avait toujours existé, nous
n'aurions qu'une seule traduction d'*Homère*, de
Virgile, de *Shakspeare*, de *Dante*, de *Milton*, de
Don Quichotte, et elle serait infailliblement inférieure » (CHARPENTIER, *De la prétendue propriété
littéraire*, p. 10 et suivantes).

tent leur pensée, quand ils la publient gratuitement ou en en tirant un bénéfice quelconque, dédommagement légitime de leur travail, c'est une donation, ou bien c'est une vente qu'ils font de leur production à la société. Une fois donnée ou vendue, ils n'y conservent pas plus de droits que le restaurateur sur le poulet qu'il a livré au consommateur. Cela n'empêche pas qu'ils n'en puissent toujours publier de nouvelles éditions, et ils en sont plus capables que personne autre.

Les auteurs ont tout reçu gratuitement : le fond et la forme de leurs œuvres. Ils ont tout tiré des anciens et des modernes ; ils ont tout bonnement traduit, imité, travesti (1). D'après la jurisprudence qu'ils

(1) « .... En un mot, même au point de vue de la forme, l'œuvre d'un grand écrivain ou d'un grand artiste n'a pas été entièrement créée par lui ; la société en a sa part. Si M. de Lamartine était né chez les Patagons ou Alfred de Musset chez les peuples de l'Océanie, assurément le premier n'aurait pas composé ses *Méditations poétiques,* et le second ses admirables *Nuits.* Tous deux, en écrivant leurs beaux vers, n'ont fait, en partie du moins, et comme La Bruyère l'a dit à la première ligne de ses *Caractères,* en parlant de son chef-

veulent introduire, ils n'auraient dû rien
prendre du bien des autres. Mais, comme
il n'est rien de nouveau sous le soleil, ils
n'auraient pu rien faire; ils auraient été ar-
rêtés à chaque pas par les réclamations de
leurs prédécesseurs. Ce que le passé n'a pas
fait à leur égard, les dépouiller à l'avance,
ils veulent le faire pour l'avenir. Ils seront
les derniers grands hommes; personne n'aura
plus le droit de traduire, d'imiter, de re-
fondre les œuvres antérieures; une inter-
diction légale s'y opposerait, l'amende et
la confiscation en puniraient la tentative.
Après eux, plus de perfectionnements, plus
de progrès possibles. Il faudrait dès-lors fermer les bibliothèques publiques ou particulières, car elles ne seraient plus que des
moyens d'enfreindre la loi.

Pour en revenir à nos *Analectes du bi-*

---

d'œuvre, que rendre à la société ce qu'elle leur
avait prêté » (CHARPENTIER, *De la prétendue propriété littéraire,* p. 8).

> Il faut être ignorant comme un maître d'école
> Pour se flatter de dire une seule parole
> Que personne ici-bas n'ait pu dire avant nous.

ALFRED DE MUSSET, *Namouna.*

bliophile, nous commençons aujourd'hui, *ex abrupto*, par les premières choses qui nous tombent sous la main. Si nos chers bibliophiles veulent bien les accepter comme suffisantes, nous nous engageons volontiers à ne jamais leur donner rien qui ne soit au moins de même valeur et de même intérêt. Le petit conte de l'abbé de Voisenon intitulé: *Tant mieux pour elle*, commence notre volume. Calonne, à qui on voulait l'attribuer, n'a fait nul ouvrage de ce genre, tandis que Voisenon en a fait beaucoup. Favart, son ami et son collaborateur, l'affirme, du reste, dans sa correspondance littéraire avec le comte Du Razzo. Il dit que Voisenon était aussi respectable par ses mœurs que par son état, mais qu'il fut obligé de faire cette petite débauche d'esprit par complaisance pour une grande dame (probablement la comtesse de Turpin) qui avait exigé de lui un ouvrage dans le genre du *Sopha* ou des *Bijoux indiscrets*. Ce détail en ferait remonter la composition vers 1744 à 1746, bien que la seule édition parue (celle sans date que nous réimprimons) n'ait paru que vers 1760. Favart était propriétaire de ce manuscrit: un libraire, le lui ayant volé, le publia, et Voisenon alors écrivit au duc de Choiseul pour qu'on saisît l'édition, ce qui lui fut accordé. Cet ouvrage est devenu fort rare.

Dans notre prochaine livraison, nous donnerons une curieuse petite bibliographie encore inédite, et due à notre ami Philomneste junior, celle des *Ouvrages à titres singuliers et bizarres.*

Le Directeur des *Analectes du Bibliophile*

JULES GAY

de l'Institut National de Genève,
section des sciences morales et politiques.

TANT MIEUX

POUR ELLE

CONTE PLAISANT [1]

A VILLENEUVE

De l'Imprimerie de l'Hymen.

—

CETTE ANNÉE.

---

(1) Pour le nom de l'auteur, et autres détails bibliographiques,
· voir l'Avant-propos.

TANT MIEUX

POUR ELLE

---

e prince Potiron étoit plus vilain que son nom; le prince Discret étoit charmant; la princesse Tricolore étoit plus fraîche, plus brillante qu'un beau jour de printemps, elle détestoit Potiron, elle adoroit Discret; et fut forcée d'épouser Potiron. Tant mieux pour elle.

Il n'y a point d'art dans cette façon de conter le dénouement en même temps que l'exposition; mais on n'est pas dans le secret du tant mieux, et c'est ce que je vais développer ici avec toute la pompe convenable à la gravité du sujet.

Potiron, quoique laid, sot et mal fait, n'étoit pas légitime. Sa mère étoit si exécrable, qu'aucun homme n'avoit eu le courage de l'épouser; mais sa richesse lui tenoit lieu de charmes ; elle achetoit ses amants, n'avoit d'autre arithmétique que le calcul de son plaisir ; elle le payoit selon le temps qu'elle le goûtoit ; elle ne donnoit jamais que des à comptes, et Potiron avoit été fait à l'heure.

Il avoit la tête monstrueuse, et jamais rien dedans. Ses jambes étoient aussi courtes que ses idées ; de façon que soit en marchant, soit en pensant, il demeuroit toujours en chemin ; mais comme il avoit ouï dire que les gens d'esprit font des sottises, et n'en disent guères, il voulut trancher de l'homme d'esprit, il résolut de se marier.

Madame sa mère, la fée Rancune, rêva longtemps pour savoir à quelle famille elle donneroit la préference de ce fléau, et son choix s'arrêta sur la princesse Tricolore, fille de la reine des Patagons. Cette reine méprisoit son mari, et ne se soucioit pas de ses enfants ; elle faisoit grand cas de l'amour, et peu de ses amants ; elle avoit plus de sensations que de sentiments ; elle étoit heureusement née. Un an après son mariage, elle mit au jour un prince, qui promettoit beaucoup. Il s'éleva dans le conseil une grande discussion au sujet de son éducation. Le roi prétendoit qu'à titre d'étranger, il avoit le droit de mettre son fils au collége des Quatre-Nations. La reine s'y opposa ; le roi insista ; la reine répliqua ; l'aigreur se mit de la partie, et le petit prince, qui vraisemblablement avoit un bon caractère, mourut pour les mettre d'accord.

La reine, qui vouloit renouveler la dispute, se détermina à avoir un autre garçon ; elle en parla à ses amis, elle devint grosse, elle en fut enchantée ; elle n'accoucha que d'une fille et elle en fut désespérée. On délibéra longtemps pour savoir com-

ment on nommeroit cette petite princesse. La reine
alors n'avoit que trois amants, dont l'un étoit brun,
l'autre blond, le troisième châtain. Elle donna à sa
fille le nom de Tricolore ; ce qui prouve que cette
Majesté avoit une grande idée de la justice distri-
butive. Le roi, qui n'étoit pas un bon roi, parce
qu'il n'étoit qu'un bon homme, crut ouvrir un avis
merveilleux, en proposant de conduire sa fille dans
une maison de vierges ; la reine le contraria, et dit
qu'elle ne le vouloit pas, de peur que sa fille ne
connût les ressources avant de connaître le plaisir.
Le monarque ne répondit rien, faute de comprendre.
J'imagine qu'il ne fut pas le seul ; mais on vit sou-
rire cinq ou six courtisans, ce qui fit croire qu'ils
y entendoient finesse. Il y a des sots qui sont heureux au rire ; le hasard les sert souvent comme des
gens d'esprit.

Tricolore fut élevée à la cour, elle eut le bonheur de plaire, parce que personne ne lui en
enseigna les moyens. On négligea son éducation,
on ne se donna pas la peine de gâter son naturel ;
elle étoit simple, naïve, ne se croyoit pas aimable,
et cependant désiroit qu'on l'aimât beaucoup. Les
femmes la trouvoient bornée, les hommes lui ju-
geoient des dispositions, et la reine, qui commençoit
à en être jalouse, crut qu'il étoit temps de la marier, et de l'envoyer dans les pays étrangers. On
la fit mettre dans les petites affiches ; on va voir
ce qui en arriva.

La reine reçut beaucoup d'ambassadeurs au sujet
du mariage de la princesse. Il ne fut cependant
question ni de sa figure, ni de son caractère, on ne
cherche ni à la voir, ni à la connaître ; on fit des
perquisitions exactes sur l'étendue de ses revenus ;

on ne demanda point son portrait; mais on prit l'état de ses biens.

La reine, de son côté, eut la prudence de prendre des mesures aussi sensées pour le bonheur de sa fille; elle fut fort tentée de la donner au fils du roi de Tunquin, parce que son ambassadeur était beau et bien fait. Elle étoit sur le point de se décider, lorsque le prince Discret lui fit demander la faveur d'une audience. La reine, toujours pleine de dignité, mit son rouge, plaça ses mouches, prit son déshabillé, et s'étendit sur son petit lit en baldaquin.

Grande reine, dit le prince, en faisant une profonde inclination, je crains bien de manquer de respect à votre Majesté. — Cela seroit plaisant, répliqua la reine. D'autres que moi s'offenseroient de ce début; je ne le trouve point du tout révoltant. — Madame, poursuivit le prince, j'ai une demande à vous faire, je ne m'adresse qu'à vous, et point au roi. Je suis le fils de la fée Rusée. — Vous tenez d'elle, à ce qu'il me paroît, dit la reine. D'ailleurs, votre air est intéressant; vous avez de grands yeux noirs; je parierois que vous n'êtes pas capable de mauvais procédés. — J'en ai même de bons, repartit le prince, le plus souvent qu'il m'est possible. Ah! madame, continua-t-il en soupirant, que Tricolore est aimable ! — C'est une assez bonne enfant, reprit la reine; cela n'a encore idée de rien. Je ne sais, mais si j'étois homme, je ne pourrois pas souffrir les petites filles; je vois cependant qu'elles sont à la mode. Le goût se perd, il n'y a plus de mœurs. — C'est parce que j'en ai, dit le prince, que j'ai des vues sur la princesse. — Des vues? interrompit la reine: qu'est-ce que c'est que des vues sur ma fille? Vous commencez à me manquer de respect.

— Ce seroit bien contre mon intention, répondit Discret. Je veux seulement prouver à votre Majesté...
— Que vous n'avez point d'usage du monde, dit vivement la reine. Je vois que vous voulez platement devenir l'époux de Tricolore. Vous ne vous rendez pas justice; en vérité, prince, vous valez mieux que cela.

En ce moment, la reine fit un mouvement qui laissa voir sa jambe; elle l'avoit très-bien faite. Le prince étoit jeune, il étoit susceptible; la reine s'en aperçut, et reprit ainsi la conversation :

— Je ne vous crois pas sans ressources, au moins (le prince avoit toujours les yeux fixés sur cette jambe). — En vérité, Madame, poursuivit-il, plus je vous examine, plus je trouve que Mademoiselle votre fille vous ressemble. — Il peut bien y avoir quelque chose, dit la reine; et vous voulez donc absolument l'épouser ?—J'avoue, s'écria le prince, que c'est l'unique objet de mon ambition. La reine prit le prétexte du chaud, pour se découvrir la gorge. Hé bien, continua-t-elle, il faut faire l'entrevue.—Madame, reprit le prince, j'ai l'honneur d'être connu de la princesse; je lui fais quelquefois ma cour, et je crois pouvoir me flatter qu'elle ne blâmera pas la démarche que je fais : ainsi une entrevue me paroît totalement inutile. — Que vous êtes neuf, dit la reine. Je suis bien sûre que vous ne voyez jamais ma fille, que lorsqu'elle tient appartement. La conversation ne peut rouler alors que sur des sujets vagues; il n'est pas possible de s'étudier, ni de se connoître; il faut se voir en tête-à-tête.

Le prince, comblé de joie, approuva beaucoup et dit avec transport : Oui, je conçois, Madame, qu'une

entrevue est nécessaire. — Elle se fait à présent, répondit la reine, en fixant le prince. Il parut étonné. Il regarda de tous les côtés, pour voir s'il n'apercevroit pas Tricolore. — Ma fille a confiance en moi, reprit la reine ; je suis une autre elle-même; c'est moi qui la représente ; elle vous acceptera si vous me convenez. Tout ce que je crains, poursuivit-elle avec un air modeste, c'est que ma fille ne vous convienne pas.

Le prince reconnut les desseins de la reine ; il vit qu'il n'obtiendroit Tricolore qu'à certaines conditions. La reine étoit encore aimable ; il se détermina et s'exprima en ces termes : Cette façon de faire l'entrevue augmente mon bonheur. En même temps, il serra la main de Sa Majesté qui le lui rendit bien, et qui laissa échapper ces mots : Prince, en vérité, je crois que vous conviendrez à ma fille. — Je suis bien certain, continua-t-il vivement, que mon bonheur dépend d'elle. — Elle est contente de l'entrevue, répliqua la reine.

Discret s'imagina en être quitte: Je puis donc me flatter, dit-il en respirant, que le mariage se conclura? Oui, sans doute, poursuivit la reine, vos caractères se rapportent, mais vous savez aussi bien que moi que les grands s'épousent d'abord par procureur; c'est moi qui suis chargée de la procuration de ma fille. Discret ne put pas se méprendre au sens de ce discours ; il étoit embarqué ; il eût perdu toutes ses espérances, s'il eût seulement balancé. Il fut infidèle par sentiment. La conversation cessa, le plaisir fut en même temps senti et contrefait. La reine reprit la parole par monosyllabes, et finit par dire en soupirant: Ah ! prince, cher prince, épousez encore ma fille.

La reine alla chez Tricolore, accompagnée du prince: Hé bien, ma fille, lui dit-elle, convenez que vous avez eu bien du plaisir! Tricolore rougit; le prince se déconcerta; la reine s'étonna. — Je vois, s'écria la princesse, que le prince Discret ne l'est pas, et qu'il vous a tout dit. Le prince reprit son sang froid, et convint qu'il y avoit bien eu quelque chose entre la princesse et lui, mais que ce n'étoit qu'une misère. — Apparemment, dit la reine, que vous l'avez trouvée seule. Que faisoit donc sa dame d'honneur? — Il y a à parier, répliqua Discret, qu'elle faisoit alors ce que fait souvent la vôtre, à ce que j'imagine. — Je veux absolument, continua la reine, savoir l'historique de cette aventure. — Il ne sera pas long, reprit Discret en soupirant. J'eus le bonheur de trouver un soir la princesse livrée à elle-même; elle lisoit un roman nouveau; j'eus peur que cela ne la dégoûtât de l'amour; je fis une dissertation sur les sentiments. Elle parut me prêter toute son attention. Me flattant de l'intéresser, je pris sur moi de vaincre ma timidité; je lui peignis l'état de mon cœur; je m'aperçus qu'elle vouloit m'interrompre; mais sa politesse naturelle, que sans doute elle tient de vous, madame, me laissa achever. J'eus la témérité de lui baiser la main; elle me laissa faire, parce qu'elle prévoyoit bien que cette faveur ne tireroit pas à conséquence.

— Comment, dit la reine, vous en restâtes là? — Oui, madame, répondit Discret. Comme la princesse n'a pas tant d'usage du monde que Votre Majesté, elle ne sait pas si bien faire les honneurs de chez elle. — Voilà qui est bien, interrompit la reine, le mariage aura lieu. Elle donna, en conséquence, les ordres nécessaires; elle songea aux apprêts, commanda les équipages, leva les étoffes, et fit imprimer les billets. Le roi fut etonné de la nouvelle. Il l'avoit pourtant apprise par la Gazette; mais il n'en croyoit rien. Il fit venir la princesse et la reine, et demanda si on le prenoit pour le roi de carreau. — Non, monsieur, répliqua la reine; car il me fait souvent beau jeu. D'ailleurs, vous savez en votre conscience que vous n'avez aucun droit sur la princesse. Le mariage se fera; j'ai consulté les pères. — Et moi, je vous soutiens qu'il ne se fera pas, s'écria la fée Rancune, que l'on vit apparaître dans une désobligeante avec son fils Potiron sur le strapontin. Je prétends que la princesse donne sa main à mon bel enfant que voilà.

— C'est ce que nous verrons, dit la fée Rusée, qui arriva également dans un cabriolet, attelé de six renards. — Unissons-nous, madame, dit à l'instant la reine, je compte sur votre protection. — Je vous l'accorde, répondit la fée Rusée, et je vais vous en donner une preuve bien éclatante. Elle la serra au même instant contre la muraille, la toucha de sa baguette, et la reine des Patagons devint une fort belle figure de tapisserie. Tricolore fit un cri, la fée Rancune une grimace, le prince Potiron un gros éclat de rire, le prince Discret une question, et le roi des Patagons un remerciement.

Que c'est une belle chose que les événements dans un conte! La métamorphose de la reine étoit un trait de la plus fine politique; la tristesse de la fée Rancune en étoit une preuve. La fée Rusée étoit triomphante: cependant elle ne le sera pas toujours. Que d'aventures opposées et contraires va produire le choc de ces deux puissances! O mon fils, s'écria

la fée Rusée, que de plaisirs, que de peines, que
de bonheur, que d'accidents ! comment pourrez-vous
soutenir et les uns et les autres ? Allons prendre
conseil de notre Grand-Instituteur.

Le Grand-Instituteur habitoit, depuis quelque
temps, avec une fée, qui ne lui faisoit point payer
de loyer, mais qui ne le logeoit pas pour rien.
Cette fée étoit une petite vieille qui avoit le visage
frais, l'esprit serein, et l'âme jeune. Elle renfer-
moit ses passions, et faisoit parade de ses goûts :
elle les avoit tous. Elle applaudissoit aux opéras
français, et ne donnoit que des concerts italiens.
Elle avoit deux cuisiniers, l'un pour la vieille
cuisine, et l'autre pour la nouvelle. Le premier
étoit pour le dîner des savants, et l'autre pour
donner à souper à de jolies femmes.

Elle ne sortoit que pour le spectacle ; elle n'alloit
dans aucune maison ; mais la sienne étoit toujours
ouverte. Elle étoit persuadée qu'on ne doit point
chercher le tourbillon, lorsqu'on n'est plus dans
l'âge d'y pouvoir jouer un rôle ; mais qu'il faut
l'attirer chez soi, pour en juger les personnages.
Elle aimoit à raisonner le matin avec des gens
d'esprit, et à se dissiper le soir avec la jeunesse.
Elle se garantissoit de l'ennui ; dès qu'elle voyoit
qu'on s'amusoit et que le plaisir s'éloignoit d'elle,
elle avoit, du moins, l'adresse d'en rapprocher la
perspective.

Comme elle craignoit la solitude, tous ses palais
touchoient aux différentes maisons du roi des Patagons. C'étoit une fée suivant la cour. On n'étoit
pas du bon air, lorsqu'on ne lui avoit pas été pré-
senté .Elle crut que c'étoit là le seul motif qui

engageoit la fée Rusée à lui amener le prince Discret.
Elle le trouva fort bien, et lui dit que sa figure
étoit plus à la mode que son nom. La conversation
roula d'abord sur des lieux communs; ce sont de
bons amis qui ne manquent jamais au besoin. On
parla ensuite de l'événement du jour. La fée Rusée
dit que la reine étoit changée en figure de tapisserie. La petite vieille s'écria aussitôt : Tant mieux!
— Madame, reprit le prince, je vous avoue que je
n'ai pas assez de pénétration pour sentir l'à propos
de ce tant mieux là. J'aime avec passion Tricolore.
— Tant mieux, dit la fée. — Je crains, repartit Discret, que ce ne soit tant pis. La reine approuvoit
mon amour'; maintenant elle n'est plus en état de
me donner son agrément. — Tant mieux, poursuivit la fée. — Je ne vous conçois pas, dit le
prince. Son père est vertueux, mais foible; la fée
Rancune en obtiendra la princesse pour son fils
Potiron. — Tant mieux, s'écria la fée d'une voix
haute, tant mieux, mon cher enfant. A votre âge
on sent fortement; mais on ne va pas loin, à moins
que d'être un de ces hommes privilégiés tels que
le Grand-Instituteur.

C'est un ami des dieux, qui tire parti de tout. Il
contemple sa gloire dans le passé, son plaisir dans
le présent, et son bonheur dans l'avenir. Rien ne
l'afflige, rien ne le décourage; c'est pour cela qu'on
le nomme le Grand-Instituteur de tous les tant
mieux du monde. Je vais vous le chercher; il vous
consolera. — Madame, dit le prince à sa mère,
lorsqu'ils furent seuls, connoissez-vous ce monsieur
tant mieux-là? — Oui, mon fils, répondit la fée
Rusée. C'est un saint personnage, qui fait beaucoup
de bien; il se met à la portée de tout le monde.

Voit-il une femme qui n'est plus jeune? il dit aussitôt: Tant mieux! et peut-être n'a-t-il pas tort. Il y a plus de tant mieux qu'on ne croit dans une femme d'un certain âge. En aperçoit-il une qui tient encore à la naïveté de l'enfance? il ne manque pas de dire le tant mieux; et je pense, mon fils, que vous n'avez pas de peine à en imaginer les causes. Lui apprend-on qu'une femme aime son mari à la folie? Tant mieux! s'écrie-t-il à l'instant. Pour aimer son mari, il faut avoir une âme bien sensible. Cette femme appartiendra un jour à la société; c'est un effet pour le commerce. Est-il instruit qu'un époux est détesté? Ah! que c'est bien tant mieux! dit le saint homme, en roulant des yeux affectueux. C'est une preuve que cette dame a bien de la justesse d'esprit. Je lui juge un beau naturel.

— Vous me paroissez au fait du sien, dit le prince. La discrétion l'empêcha de poursuivre, et, dans l'instant, la petite fée revint accompagnée du Grand-Instituteur.

C'étoit un homme de cinq pieds six pouces, bien campé sur ses pieds, la jambe peut-être trop fournie, mais mieux cependant qu'une qui l'eût été moins, des épaules larges et effacées, de belles dents, des yeux à fleur de tête, et un nez d'espérance. Je ne sais pas s'il avoit beaucoup d'esprit; mais tout cela vaut mieux que des bons mots. Comme il étoit prévenu que la fée Rusée venoit le consulter, il avoit pris son visage de prophète; il la salua légèrement, et regarda le prince comme un répondeur de messes.

Seigneur, lui dit-elle respectueusement, votre réputation est si étendue, que j'ai cru devoir vous demander conseil. Vous savez mes bontés pour la

reine. — Oui, reprit-il froidement, je suis instruit
de tout; le bonheur de votre fils est votre unique
objet. Il est fort amoureux, cela est assez simple;
il veut se marier, cela est assez plat; il veut que
sa femme soit sage, cela est assez plaisant. — Elle
ne le sera donc pas, dit vivement le prince? —
Vous ou moi l'en empêcheront, repartit le pontife.
Vous voulez vous marier et n'être pas trompé: ce
seroit être un original sans copie. Madame votre
mère, qui a garanti son mari d'un pareil ridicule,
a prévu la misère de vos préjugés, et y a pourvu
par la métamorphose de la reine. — Je ne vous
comprends pas, interrompit le prince, avec un ton
d'impatience; vos discours sont absolument inin-
telligibles. — Je le crois bien, dit la petite fée; oh!
c'est un bel esprit que notre Instituteur. — J'en re-
viens, dit le prince, à l'enchantement de la reine.
— Doucement, répondit le Grand-Instituteur, cela
ne vous regarde point; ce ne sera pas vous qui le
romprez, ce sera moi. — Et comment cela, répliqua
le prince? — Ah! comment cela, reprit le Grand-
Instituteur, avec un air ironique. Vous savez comment vous avez fait l'entrevue de Tricolore chez
la reine? Le prince rougit, les deux fées rirent, et
le prêtre continua ainsi: Vous savez comment vous
avez fait cette entrevue, n'est-il pas vrai, convenez-
en de bonne foi? — Hé bien! sans doute, dit le
prince, je le sais, que cela prouve-t-il? — Cela
prouve, répondit le Grand-Instituteur, que votre
science est celle des entrevues, et que la mienne,
à moi, est celle de rompre des enchantements.
Chacun a ses talents; je n'en dirai pas davantage.
— J'y consens, poursuivit le prince; mais, du
moins, tirez-moi d'un doute cruel: lequel, de Po-

tiron ou de moi, sera assez fortuné pour posséder la princesse ? — Vous allez le savoir clairement, repartit le prophète. Il fit alors trois tours dans la chambre, marqua trois fois trois croissants, ce qui en faisoit neuf, leva trois fois les yeux du côté de la lune, fit trois grimaces, trois cabrioles, trois éclats de rire, et prononça cet arrêt infaillible :

Le prince Discret aura la princesse Tricolore, et ne l'aura pas ; tant'mieux pour elle. Le prince Potiron aura la princesse Tricolore, et ne l'aura pas ; tant mieux pour elle et pour moi.

Ah ! l'habile homme, dit la fée Rusée. — Ah ! le grand homme, dit la petite vieille. — Ah ! le sot homme, dit le prince Discret. Alors, l'Instituteur, toujours poli, quoique inspiré, fit une révérence à la fée Rusée, présenta la main à la petite vieille, et prit congé du prince en lui disant: Demeurez toujours le bien illuminé.

Le prince resta fort sot: ce n'est pas le seul agréable à qui cela soit arrivé. Madame sa mère fut elle-même embarrassée; mais le Grand-Instituteur étoit bien loin de se trouver en pareil cas ; la fée Rancune l'attendoit dans son cabinet, avec la princesse Tricolore. Elles étoient venues accompagnées du roi des Patagons et du beau Potiron. On peut être mieux en écuyer.

La reine ne fut pas plutôt métamorphosée que le roi se crut capable de gouverner parce qu'il n'avoit plus personne pour le conduire. Il tint tête à la fée Rancune, il insista sur le mariage de Tricolore avec le prince Discret, et se fonda sur la volonté de la reine. — Si ce n'est que cela, lui répondit la fée, je vais vous mettre à votre aise sur ce petit scrupule. Souvenez-vous que le Destin a

déclaré que ¡la reine ne seroit en droit de marier
que les enfants dont vous seriez le père. — Voilà
qui est bien, dit le roi, je n'aime point à disputer;
mais, en ce cas, votre fils pourra me ressembler.
Potiron, qui savoit vivre, lui répliqua poliment:
Vous croyez que tout le monde est aussi paresseux
que vous. Je me charge d'être le père de mes enfants; mais je veux savoir si personne ne se mêlera
de mes affaires, et c'est pour cela qu'il faut aller
trouver le Grand-Instituteur.

Du plus loin qu'il l'aperçut, il lui cria : Divin
oracle, je veux me marier. — Et moi je ne le veux
pas, poursuivit Tricolore. — Hé bien , repartit le
Grand-Instituteur, vous avez raison tous les deux.
— Nous venons vous demander, dit la fée Rancune,
ce qui en arrivera? — Bien des choses , répondit
l'homme inspiré. Je dois, premièrement, vous avertir
que le mari de la princesse et son amant seront
deux. Ecoutez-moi... l'avenir se découvre à mes
regards :

*Le prince Discret aura les prémices de la prin-
cesse; tant mieux pour elle ! Le prince Discret
n'aura pas les prémices de la princesse ; tant mieux
pour moi.*

Vous n'avez pas le sens commun, dit à l'instant
Tricolore ; voilà deux oracles qui se contredisent.
— Ils n'en sont pas moins vrais, repartit le prophète. — Je puis donc m'attendre, dit Potiron, que
si j'épouse cette demoiselle , je n'en aurai pas les
gants ? — Cela demande explication , répliqua le
Grand-Instituteur. Elle vous apportera ses prémices,
cela est certain, mais il faudra qu'auparavant elle
ait eu dix-sept enfants.

— Voilà un honnête homme, dit Tricolore, qu'il

faut loger aux Petites-Maisons. — Ne vous en moquez pas, interrompit le roi; c'est le style de la chose. — Le Grand-Instituteur reprit son enthousiasme: Je vois encore, continua-t-il, d'autres événements qui vous feront trembler, et qui sont pourtant des tant mieux. — Tricolore, loin d'être intimidée, fut rassurée par ces paroles. Elle se flatta que le bonheur du prince Discret seroit peut-être un de ces tant mieux là. L'homme divin le conjectura sur sa physionomie, et prononça ces mots terribles :

— Je sais ce que vous pensez; mais, ô Princesse, que vous vous abusez! Vous donnerez la mort à votre amant, et ce sera tant mieux pour lui. — O ciel! s'écria Tricolore, cela se pourroit-il? — Mais, dit Potiron, cela ne laisse pas que de faire un joli caractère. Si elle traite ainsi un amant, jugez de l'accueil qu'elle fera à son mari. — Son mari, reprit le prophète, en sera quitte pour la colique. — Ah! je ne balance plus, repartit Potiron, elle sera ma femme. — Ah! fée Rusée, poursuivit la princesse, en criant de toutes ses forces, ah! fée Rusée, le souffrirez-vous? Ah! fée Rusée, secourez-moi. — La fée Rusée écoutoit finement à la porte avec monsieur son fils. Elle parut sur-le-champ, marmotta quelques mots, posa sa main sur le joli visage de Tricolore, qui devint une petite perdrix bien gentille. — Tant mieux, dit le Grand-Instituteur. Dans le même instant la fée toucha de son petit doigt le prince Discret, qui comme vous croyez bien, devint un coq-perdrix fier et tout plein d'amour. — Tant mieux, s'écria encore le Grand-Instituteur.

On se représente la joie de nos amants; mais

qu'on juge de leur désespoir, lorsque la fée Rancune saisit Tricolore, en disant : Doucement, doucement, ma mie, nous vous mettrons en cage; comme vous êtes bien amoureuse, vous serez une chanterelle admirable; vous appellerez souvent, M. Discret ne manquera pas d'arriver : mon bel enfant se cachera, c'est ce qu'il fait de mieux; je lui donnerai un bon fusil, il tuera son rival le coq, et puis je ferai si bien que son mariage s'accomplira. Le roi des Patagons, qui se souvint que l'oracle avoit prédit à la princesse qu'elle donneroit la mort à son amant, ne put s'empêcher de pousser un soupir et de dire : Ah! pauvre prince, te voilà expédié. — Et Tricolore aussi, continua le Grand-Instituteur; ce sera bien tant mieux pour elle.

Le prince Discret devenu coq-perdrix, fut moins tendre et plus ardent : c'est prendre un bon parti. La princesse Tricolore, enfermée dans sa cage, sentit, à n'en pouvoir douter, qu'elle ne feroit pas la bégueule. Le prince Potiron fit préparer ses armes, et la fée Rancune ordonna que l'on fît un grand trou. (Le lecteur touche au grand intérêt.)

Le soleil commençoit à baisser, et le calme du soir, rassurant les habitants des plaines, les invitoit à profiter de leur bonne santé. Potiron partit, arriva, se plaça; on posa la cage à dix pas de lui, et la fée Rancune se retira à l'écart. Tricolore, qui connoissoit cette espèce de trafic, se promit bien de ne pas donner le plus petit appel; mais chez une perdrix, comme chez bien d'honnêtes personnes, souvent le physique l'emporte.

Tricolore, qui sentoit le coq à cœur-joie, laissa involontairement échapper des *Kiriques, Kiriques.* Discret, en cet instant, secoua ses ailes, se redressa,

s'éleva sur ses pattes, se rengorgea, tourna autour
de la cage, se plaça dessus, en redescendit, alla
vis-à-vis à la perdrix, passa la tête à travers les
barreaux, présenta son bec, et fit des cris d'amour.

Outré de despit, Potiron le coucha en joue, et
tira le déclin; mais tel maître, telle arme; celle
de Potiron fit *crac*; il se hâta de réparer la chose;
mais *crac* encore, et toujours *crac*. Ah! maudite
arme; ah! chienne de patraque! s'écrioit-il, écu-
mant de fureur. Tandis qu'il perdoit son temps, le
coq ne perdait pas le sien; et il fit si bien, qu'il
souleva la porte de la cage, et fut le plus heureux
des coqs à la barbe de son rival. Potiron ne pouvoit pas sortir de son trou; son ventre étoit trop
gros, ses jambes trop courtes. Il se mit à crier de
toutes ses forces. Hé, ma chère mère, ma chère
mère, venez donc vite empêcher ce vilain. La fée
Rancune ne fit qu'un saut; elle avoit déjà la main
sur le prince Discret; mais la fée Rusée, qui étoit
présente, quoiqu'on ne la vit point, rendit dans
l'instant son fils invisible comme elle. Rancune le
chercha en vain.

Madame, dit Potiron, voilà une princesse qui a
bien peu de pudeur. — Je l'en punirois, répondit
la fée; mais on doit respecter son fruit. On la rap-
porta au palais, elle pondit ses dix-sept œufs; il
ne s'en trouva pas un de clair: ainsi Tricolore eut
dix-sept perdreaux du premier lit, sans avoir cependant perdu ses prémices de princesse.

Un des oracles du Grand-Instituteur se trouva
donc vérifié. Dès que ses enfants furent revêtus de
queue, on les mit en liberté, et la fée Rusée rendit
à la mère sa forme naturelle.

Ah! madame, s'écria-t-elle, transportée de joie,

que je vous ai d'obligations ! Mais, de grâce, qu'est
devenu votre fils? La fée Rusée, à cette question,
tomba dans la tristesse, garda le silence pendant
un moment, et fit cette réponse: Vous n'en aurez
des nouvelles que trop tôt; le Grand-Instituteur ne
se trompe pas; vous ne pouvez vous dispenser d'ôter
la vie à votre amant, et, dès le soir même qu'il
mourra, vous serez forcée d'épouser Potiron. Tricolore voulut gémir; mais la fée Rusée, qui prévit
que cela ne seroit pas amusant, la laissa seule, et
fit fort bien. Je l'imiterai, et je ne rendrai pas
compte des réflexions de la princesse. Ce que l'on
se dit à soi-même n'est pas toujours bon à répéter
aux autres.

Il est seulement nécessaire de savoir que Tricolore, après avoir beaucoup rêvé aux moyens d'éviter
ses malheurs, se détermina à ne point passer le
jardin de la fée Rancune, afin de ne point rencontrer le prince Discret: car, disoit-elle fort bien, si
je ne le trouve pas, il sera difficile que je le tue.
On voit par là combien cette princesse étoit forte
pour le raisonnement.

Le lendemain, jour de grande chaleur, Tricolore, vers le soir, voulut prendre le frais: elle
gagna une pelouse verte à faire plaisir; elle ne put
résister à l'envie de se coucher sous le feuillage
d'un gros chène; elle s'y endormit. On croit que je
vais faire arriver le prince Discret? non, ce sera le
Grand-Instituteur; il n'y a rien à perdre. Le hasard l'avoit conduit en ce lieu: il devoit faire un
discours sur les inconvéniens de la chasteté, et
il venoit le préparer, dans ce bois solitaire. Qu'il
trouva un beau texte, en découvrant Tricolore endormie! J'ignore quelle étoit l'attitude de la prin-

cesse ; mais le prêtre s'écria: Ah sainte Barbe! que
cela est joli! Il se cacha derrière un buisson, il
craignoit de faire du bruit, et ne pouvoit cependant s'empêcher de taper du pied. Il étoit prêt à
faire frémir. Son transport redoubla, lorsqu'il entendit la princesse, qui dit: *Haie !* en faisant un
petit mouvement. Il devint séraphin; mais toutes
les puissances de son âme furent occupées, en
voyant Tricolore ouvrir les yeux à moitié; et prononcer ces mots d'une voix douce: Ah! que cela
me chatouille! Elle parut se rendormir; mais la
minute d'après, elle s'éveilla tout-à-fait, en s'écriant:
Ah! que cela est chaud! Elle se croyoit seule; elle
regarda, et trouva un ver luisant caché dans l'herbe,
et placé le plus heureusement du monde.

Un lecteur pénétrant jugera aisément par la façon,
dont ce ver luisant se plaçait, que c'étoit le prince
Discret métamorphosé par sa mère. La princesse
le prit et le considéra avec un air de complaisance,
comme si elle se fût doutée de ce que c'étoit. —
Quoi, dit-elle, voilà ce qui m'a tant émue! cela
est plaisant. Voyons cependant s'il ne m'a pas piquée. En cet instant critique, le Grand-Instituteur
creva dans ses panneaux, et malgré lui, s'écria:
Ouf, je n'en puis plus!

La pauvre Tricolore fut saisie de frayeur et de
honte. — Hé quoi! monsieur, qui vous auroit cru
là? On voit bien que les prêtres mettent leur nez
partout. Le Grand-Instituteur, qui ne répondoit qu'à
ses idées, repartit en soupirant; Ah! que ce ver
luisant est heureux! —Vous appelez cela un ver luisant, dit la princesse ? — Oui, répliqua l'Instituteur.
J'admire la sagesse de la nature qui lui a placé
une étincelle de feu sur la queue. — En effet, cela

est drôle, continua Tricolore; et qu'en concluez-vous? — Que cet insecte lumineux, répondit le prophète, cache peut-être un amant. A ce mot d'amant, Tricolore tressaillit; elle tomba dans la rêverie, contempla le ver luisant, et prononça ces mots d'un air intéressant: Le pauvre petit, qu'il est gentil! Mais savez-vous bien, poursuivit-elle en réfléchissant à la place où elle l'avoit trouvé, savez-vous bien que vous pourriez avoir raison, et que c'est peut-être un amant?

— N'en doutez pas, dit le Grand-Instituteur: cette étoile n'est qu'une étincelle que l'amour a laissé tomber de son flambeau. Madame, continua-t-il, ayez la bonté de la serrer un peu, pour voir s'il remuera la queue. Tricolore fut curieuse de cette expérience: elle appuya ses deux doigts; mais, ô surprise, ô terreur! elle sentit jaillir du sang, et sur-le-champ elle entendit la voix du prince Discret, qui dit: Ah! Tricolore! je meurs de votre main; que je vous suis obligé! Le prince expira, la princesse s'évanouit, et le Grand-Instituteur s'écria: Victoire! victoire! Tricolore, vient de tuer son amant; tant mieux pour lui, tant mieux pour elle, tant mieux pour moi!

Le bruit de cet événement s'étant répandu, le roi des Patagons fit battre aux champs; on publia le mariage de la princesse et de Potiron; rien ne pouvoit le retarder. Le repas se fit; on mangea plus qu'on ne parla; on parla plus qu'on ne pensa. La chère fut fine, les plaisanteries furent grosses, et le roi charmé de se bien divertir, dit d'un ton malicieux qu'il étoit temps de conduire les nouveaux mariés à leur appartement. Je vous fais grâce de la cérémonie. Le prince parut bête, Tricolore parut triste ; tout cela étoit vrai. La fée Rancune rioit comme rit la haine. Le Grand-Instituteur fit une belle exhortation; mais ce n'est pas ce qu'il fera de mieux. Dès que les époux furent dans la chambre nuptiale, la belle Tricolore prit le deshabillé le plus galant; mais ce qui la rendoit encore plus charmante et plus désirable, c'étoit son embarras et sa rougeur. En pareille occasion, la pudeur est toujours un tribut à la volupté.

Potiron n'étoit pas très-bien dans son bonnet de nuit; mais, comme il avoit une belle robe de chambre couleur de chair, le roi crut que c'étoit l'instant de les laisser. Il congédia l'assemblée, et il prit le parti lui-même de s'appuyer sur deux de ses pages, et de se retirer, en disant quelque ordure, qu'il prit pour une finesse.

Dans le moment que tout le monde sortoit, on entendit une voix qui prononça ces paroles : « Il n'y est pas encore. » — Madame, dit aussitôt Potiron, permettez-moi de lui donner un démenti. Tricolore garda un silence modeste, qui autorisoit les droits de son époux. Il alloit en profiter, lorsque la princesse fit une grimace, une plainte et un mouvement. Potiron, plein d'égards, contint son feu, et lui demanda ce qu'elle avoit. — Seigneur, répondit-elle, c'est quelque chose de très-extraordinaire. — Sentez-vous du mal quelque part, poursuivit Potiron ? — Seigneur, cela est plus embarrassant que douloureux. — Madame, permettez-moi de voir. — Je n'ose pas, repartit-elle : si vous saviez où c'est ! — Vous me l'indiquez, en me parlant ainsi, reprit Potiron. En même temps, il fit l'examen, mais quel fut son étonnement, en apercevant une rose toute épanouie, entourée de pi-

quants ! — Ah! la belle rose, s'écria-t-il. Madame,
seroit-ce, par hasard, une marque de naissance ?
— Monsieur, dit la princesse, je crois qu'elle n'y
est que de tout à l'heure. — Cela est très-singulier,
continua Potiron ; c'est un tour qu'on me joue, ou
une galanterie que l'on me fait. Mais j'aperçois des
lettres ; c'est peut-être une devise ; souffrez que je
prenne une lumière pour la lire. Le caractère en
est très-fin, et je le crois d'*Elzevir*.

Potiron alla prendre un flambeau ; mais il trouva
un changement de décoration. Il n'y avoit plus ni
rose, ni piquants ; il vit à la place deux grands
doigts qui lui faisoient les cornes. Potiron se mit
en fureur. — Madame, s'écria-t-il, vous avez un
amant, et voilà ses doigts. — Seigneur, qu'ima-
ginez-vous là ? Vous me faites injure. — Madame,
ayez la bonté de vous tenir debout, pour savoir si
cela ne changera point. La princesse se leva, et les
deux doigts restèrent. Potiron tâcha de réfléchir ;
il jouoit de malheur toutes les fois que cela lui
arrivoit, et il en fit une nouvelle expérience. —
Princesse, reprit-il avec un air content, tout ceci
n'est qu'un jeu ; ce n'est qu'une mauvaise plaisanterie de la fée Rusée, qui veut arrêter mes plaisirs, en me donnant des ombrages sur vous. Je
remarque que ces deux doigts ne peuvent m'empêcher de vous donner des preuves de mon estime.
Ils disparoîtront, sans doute, lorsque je les aurai
méprisés. Il eut alors un désir très-déplacé (il n'y
avoit jamais d'à propos chez lui), il voulut se satisfaire, mais les deux doigts devinrent aussitôt
deux pinces, qui le serrèrent impitoyablement. Il
jeta les hauts cris, et ce qui redoubla ses tourments, c'est que dans cet instant la princesse, par

une impulsion involontaire, marcha à reculons avec autant de vitesse qu'auroit pu faire le meilleur coureur en allant droit devant lui.

Hé ! mais, Madame, cria-t-il, vous êtes folle ; vous n'y pensez pas ; arrêtez-vous donc. — Je ne le puis, Monsieur, répliqua-t-elle, en lui faisant, sans cesse, faire le tour de la chambre. — Madame, reprenoit Potiron, vous me malmenez trop ; je ne pourrai de ma vie vous être bon à rien. Enfin, au bout d'un quart d'heure, Tricolore tomba dans un fauteuil, et Potiron, se trouvant libre, roula par terre, sans aucun sentiment.

Potiron reprit connoissance ; ce n'étoit pas reprendre grand' chose. Il ouvrit les yeux, regarda la princesse, et lui tint ce discours rempli de bon sens : Madame, j'aimerois beaucoup mieux que vous me menassiez par le nez. La princesse, un peu remise, eut envie de rire ; elle se retint cependant, et ne répondit rien. — Y sont-ils encore, poursuivit Potiron ? — J'en ai peur, dit Tricolore. — C'est ce qu'il faut voir, dit le prince. Il les trouva, plus que jamais, en forme de compas, avec les mêmes paroles : « *Voilà pour toi.* » — Je suis fort aise de les retrouver, s'écria Potiron ; j'ai dans ma poche une paire de ciseaux que ma mère m'a donnés ; ils ont la vertu de couper toutes les choses enchantées. L'épreuve réussit, il rasa les deux doigts ; mais la rose et les épines prirent la place aussitôt, avec ces mots écrits : *Voilà pour lui.* Il fit la même opération sur ce nouvel enchantement, les deux doigts reparurent et toujours : *Voilà pour toi.*

— Madame, dit le prince, il paroit que voilà une place qui n'est jamais vacante. — C'est l'ho-

roscope qu'on en a toujours tirée, répondit Tricolore. — Ce que je ne conçois pas, repartit
Potiron, ce sont ces deux devises: *Voilà pour toi.*
Voilà pour lui. Il y a peut-être beaucoup d'esprit
là dedans ; mais je ne comprends pas. — La première devise, répliqua la princesse, me paroît la
moins obscure; il me semble que l'emblême en
facilite l'intelligence.

La fée Rancune et la fée Rusée arrivèrent pendant cette discussion. — Mon fils, dit Rancune, je
sais que vous êtes dans l'embarras; mais vous
n'en êtes pas quitte. — Est-ce comme cela que vous
venez m'en retirer, repartit Potiron? Pourriez-vous
me dire ce que c'est que cette rose et ses accom-
pagnements ? — C'est mon présent de noces, répondit la fée Rusée. — Pour un présent de cette
espèce, reprit Potiron, il est bien à sa place. Et
les deux doigts? — Les deux doigts, poursuivit
Rusée, sont le présent de mon fils. Il les a donnés
à la princesse, et l'a chargée de vous les rendre.
— Malheureusement, dit la fée Rancune, ils resteront là jusqu'à ce qu'ils soient à leur destination
naturelle; c'est une pièce d'attente. Cependant ils
disparoitront tout-à-fait, s'ils ne vous empêchent
pas d'être heureux avec la princesse. Essayez, mon
cher fils... — Non, parbleu, cria Potiron, je ne crois
pas qu'on m'y rattrape. Puis, se ravisant : Je vais,
dit-il, tenter encore une fois de rompre l'enchantement; ainsi, Mesdames, ayez la bonté de vous
retirer.

Potiron, en effet, plein d'un nouveau courage,
veut s'emparer de la rose enchantée; les peines ne
le rebutent pas. Hélas! il est dupe de sa valeur.
Il se trouve enveloppé dans vingt mille fusées de

la Chine, à flammes de toutes couleurs. Au feu !
au feu! s'écrie-t-il. — Seigneur, lui dit la princesse,
prenez garde qu'il n'y vienne des cloches.

— Il y a de la magie dans tout ce qui se passe
ici, reprit le prince Potiron. — C'est, sans doute,
répondit la princesse, encore une galanterie de la
fée Rusée : il n'y a point eu de feu au fruit ; elle
vous l'a reservé pour une meilleure occasion. Les
deux fées reparurent, en disant: Ah ! il sent ici le
brûlé ! — Il y a raison pour cela, répondit Potiron. Si l'artillerie du roi est aussi bien servie que
celle de sa fille, je défie que l'on prenne ses pla-
ces. — Il y a un moyen tout simple de lever cet
obstacle , poursuivit la fée Rusée. Vous savez bien
que madame votre belle-mère, la reine, a été mé--
tamorphosée en figure de tapisserie. — Hé bien ,
répliqua Potiron, qu'est-ce que cela me fait à moi ?
Je sais parfaitement que c'est une de vos facé-
ties ; mais je n'en vois pas le fin. — Je vais vous
l'apprendre, dit Rusée· d'un ton plein de bonté. Il
est naturel que je prenne le parti de mon fils ; il
étoit amoureux de la princesse. — Parbleu, interrompit Potiron, j'en ai été assez témoin le soir de
la chanterelle ; mais , grâces au ciel, il est perdu
ce petit monsieur-là. — Il se retrouvera, reprit la
fée ; mais revenons à l'événement.

Voyant donc que mon fils étoit amoureux de la
princesse , et que vous étiez en droit de l'épouser,
j'ai, du moins, cherché à vous empécher de jouir
de votre bonheur ; et pour y parvenir, j'ai jugé
à propos de former un enchantement sur la reine,
et un autre sur Tricolore. Le dernier ne pourra
être rompu, que préalablement le premier ne l'ait
été ; ainsi vous ne ferez disparoître la barrière qui

vous prive de la princesse, qu'en rendant à la reine
sa forme naturelle. — Je vous crois beaucoup d'esprit, repartit Potiron ; mais je ne vous trouve pas
le sens commun. Comment voulez-vous que je
fasse, pour que la reine cesse d'être une figure de
tapisserie ? — C'est, répliqua la fée, en la traitant
comme vous vouliez traiter mademoiselle sa fille.
— Qui, moi ! reprit brusquement le prince, que j'aie
commerce avec une reine de haute lice ? Vous n'y
pensez pas, Madame. — Que trop, répondit Rancune : il faut que vous fassiez cette politesse à la
reine des Patagons, ou ce sera un autre qui dé-
senchantera la princesse. — Mais, en vérité, s'écria
Potiron, je vous jure en honneur que cela m'est
impossible. — Hé bien, dit froidement la fée Rusée, qu'on aille chercher le Grand-Instituteur.

Il arriva en habit long et demanda à ces dames
ce qu'elles désiroient de son petit ministère. Ce
n'est qu'une bagatelle, dit Potiron : il s'agit de traiter cette reine, comme vous avez coutume de traiter les jolies femmes. — Vous voulez m'éprouver,
répondit le Pontife. — Hé bien ! quand cela seroit,
répondit Potiron, l'épreuve ne vous feroit qu'honneur. — Seigneur, reprit le Grand-Instituteur, je
sais trop le respect que je vous dois. — Je vous
en dispense, poursuivit Potiron : je sais fort bien
que cette grande figure-là est ma belle-mère ; mais
vous pouvez lui manquer de respect tant que vous
voudrez, sans que je m'en formalise. — Vous ne
m'entendez pas, répliqua l'Instituteur ; je n'essaye-
rai point de désenchanter la reine ; je ne veux pas
aller sur vos brisées. Rompre ce charme est votre
affaire ; la mienne est de lever celui de la princesse.
Permettez-moi d'aller à mon ouvrage. — Plaît-il,

monsieur le curé? dit vivement le prince. — Seigneur, continua la fée Rusée, avec l'air de quelqu'un qui meurt d'envie de rire, le Destin a déclaré que ces deux enchantements, par une bizarrerie singulière, seroient liés entre eux; en rompant l'un, l'autre le sera aussi par un effet du contrecoup.

Il n'y a que vous qui puissiez venir à bout de la reine; et si vous ne voulez pas mettre à profit un si beau privilége, l'honneur de faire cesser l'enchantement de la princesse appartient à notre Instituteur. — Je me moque de cela, repartit Potiron, je veux avoir la rose. — Seigneur, reprit l'homme céleste, prenez garde à ces paroles: *Voilà pour lui.* — Hé bien! dit Potiron, c'est moi qui suis *lui.* — Seigneur, continua le Grand-Instituteur, je crois que vous vous trompez; c'est vous qui êtes *toi.* La première devise vous regarde; et les deux doigts vous reviendront tôt ou tard; mais je suis sûr que la rose sera pour moi. — A ces mots, le Grand-Instituteur tourna ses pas vers la princesse. Potiron s'accrocha à lui, pour le retenir; mais l'Instituteur prononça ces paroles avec un ton d'inspiration: *Puissances invisibles, soumises à mes décrets, étendez en ce lieu un rideau sacré qui me sépare des profanes.* On vit sur-le-champ l'appartement séparé en deux par un beau rideau de velours de Gênes. Potiron resta avec les deux fées du côté de la reine tapisserie, et l'Instituteur se trouva du côté du lit, seul avec la princesse.

Potiron devint furieux comme tous les petits hommes; il voulut passer par dessous le rideau; il crioit de toutes ses forces: Attends, attends-moi, vilain prêtre. — C'est ce qu'il ne faut pas, s'écria

Tricolore. Ce mot ralluma le transport au cerveau
du pauvre prince: Ah! singe exécrable, reprit Potiron, tu auras affaire à moi. — En attendant, dit
la fée Rusée, je crois que la princesse va avoir
affaire à lui. — Ce qui me console, repartit Potiron, c'est qu'il se piquera du moins. Mesdames,
un peu de silence, je vous prie; il faut savoir comment il s'en tirera; la chose mérite attention. En
même temps, il se colla l'oreille contre le rideau;
sans s'attendre au dialogue que voici:
— Ah! quel plaisir! dit le Grand-Instituteur. —
Quel plaisir! interrompit Potiron, mais il faut
que cet homme soit enragé! Ecoutons encore:
— Ah! que vous me faites de mal, s'écriait la princesse! — Je ne me connois plus, répliquait le serviteur des autels. — Je vais m'évanouir, reprenait
Tricolore. — Chère princesse, adorable princesse,
beauté vraiment divine, continuait le Grand-Instituteur en balbutiant, encore un moment de courage.
— Ah! je suis morte, dit la princesse, en jetant un
cri perçant. Le charme se rompit, le rideau dis-
parut, la reine de tapisserie s'élança au col du
Grand-Instituteur, en lui disant: Monseigneur, que
j'ai d'obligation à Votre Grandeur! Elle passa ensuite devant Potiron, et lui adressa ces mots: Je
vous en fais mon compliment, mon gendre. —
Faut-il se faire écrire chez vous, poursuivit la fée
Rusée? — Mon fils, continua la fée Rancune, vous
n'êtes pas le seul. — Seigneur, dit le Grand-Instituteur, j'ai bien des grâces à vous rendre; je serai
toujours à vos ordres, toutes les fois qu'il vous
plaira d'augmenter le casuel de mon petit bénéfice.
Potiron resta seul avec la princesse, à qui la connoissance n'étoit pas encore revenue. Pour la rani-

mer, il voulut lui tâter le pouls (chacun a sa méthode); elle crut apparemment que c'étoit le Grand-
Instituteur. Elle lui serra la main, en disant: Ah!
mon cher abbé! En même temps elle ouvrit les
yeux. — Hé! quoi, c'est vous, Monsieur, reprit-
elle, que faites-vous donc-là? — Ce que je peux,
Madame, répondit Potiron. Il avoit toujours la
repartie juste. Tricolore devint honteuse, le prince
étoit embarrassé, mais il fut encore plus curieux.
Ah, ah! s'écria-t-il d'un air surpris, il n'y a plus
ni roses, ni piquants. Cet homme-là a d'excellents
secrets! c'est apparemment, Madame, cette extir-
pation qui produisoit vos plaisirs? — Précisément,
répondit Tricolore. — Je le crois aisément, répliqua-t-il. Cela n'empêche pas que ce ne soit une
fort belle opération; mais qu'a-t-il fait de tout
cela? — Seigneur, dit la princesse, il a tout em-
porté, pour son cabinet d'histoire naturelle. — Au
fond, cela est juste, reprit Potiron; c'est là ce qu'il
entendoit sans doute, lorsqu'il m'a remercié d'a-
voir augmenté son casuel. A parler franchement,
je n'en suis pas fâché. Voilà bien de la besogne
faite. Je sens que j'ai envie de dormir.

Le lendemain matin étoit consacré au cérémonial
de la toilette. Lorsque Tricolore en fut débarrassée,
après qu'elle eût essuyé toutes les visites des femmes de cour, qui ce jour là plus que de coutume
avoient regrimpé leurs appas, et grimacé leurs mi-
nes; après qu'elle eut soutenu les regards malins
de la reine et de la fée Rusée; après qu'elle eut
entendu les plates équivoques de tous les courtisans, elle crut pouvoir consacrer l'après-dinée aux
réflexions et au repos. A quoi une princesse peut-
elle rêver? A ce qu'elle aime. Par conséquent, le

prince Discret joua un rôle dans la tête de Tricolore (on verra bientôt ce que la tête emporte).
Elle s'imaginoit avoir tué son cher prince. Quel
malheur d'avoir un amant qui étoit mort, et d'a-
voir un mari qui ne pouvoit pas presque pas être
vivant, sans cependant qu'elle fut veuve ! Toutes ces
méditations l'avoient conduite jusqu'à la fin du jour,
lorsqu'on vint lui dire qu'un jeune homme solli-
citoit un moment d'entretien. — Un jeune homme !
répliqua-t-elle d'une voix émue. — Oui, Madame,
répondit-on ; il ne paroît pas avoir plus de vingt
ans. — Son âge m'attendrit, reprit-elle ; qu'on le
fasse entrer ; je n'ai pas encore besoin de lumières.
On introduisit le jeune homme dans l'appartement ;
mais il y fut pris d'une foiblesse ; il s'appuya sur
un bureau, et ne put prononcer que cette seule
parole d'une voix éteinte: Ah ! Mademoiselle. La
princesse fut troublée. — Mademoiselle ! reprit-elle,
que veut dire ce mot? — Je me meurs, s'écria le
jeune·homme ; vous êtes donc Madame Potiron ?
— Qu'entends-je, ô ciel! dit Tricolore, quel son a
frappé mes oreilles? Telle étoit la voix expirante
de ce pauvre ver luisant, lorsqu'il me remercioit
si poliment de l'avoir écrasé ! mais plus je le considère, plus je crois le reconnoître. Dis-moi, as-tu
toujours eu sur toi cette étoile précieuse? — Ah !
Dieux, répliqua le prince, puisque vous êtes mariée, il n'est plus d'étoile pour moi. — Hélas! je
n'en puis plus douter, s'écria Tricolore, c'est mon
prince, c'est lui: il est encore en vie.... — Il ne
tiendroit qu'à vous de me la faire aimer ; mais je
crains vos préjugés. — Je crois, Seigneur, interrompit Tricolore, que vous seriez mieux assis ; il
vous sera plus commode de parler à tête reposée.

— J'y consens, répondit Discret, pourvu que la
vôtre n'en soit pas plus tranquille. Il prit un fauteuil, et Tricolore se mit sur sa chaise longue ;
Discret reprit ainsi la conversation avec un air tendre et sérieux :

— Madame, puisqu'il faut vous nommer ainsi,
je m'intéresse à Potiron. — Je reconnois votre gé-
nérosité, répartit la princesse ; que voulez-vous
faire pour lui ? — Lui épargner de la peine, poursuivit Discret. La princesse, qui avoit beaucoup de
pénétration, vit bien où le prince en vouloit venir,
et dit spirituellement : Seigneur, je reconnois votre
délicatesse ; mais je fais mon devoir. — Remplit-
il bien le sien, reprit vivement Discret ? La princesse ne répondit rien. — Ah ! je vois, continua le
prince, que Potiron agit comme vous répondez.
Quoi ! il n'est point en adoration devant tant de
charmes ? En achevant cette phrase, Discret se jeta
aux genoux de la princesse. — Prince, dit-elle,
relevez-vous, je vous le demande. Votre attitude
est respectueuse ; mais on prétend qu'elle est commode pour manquer de respect. — Ne le croyez
pas, repartit Discret, et connoissez-moi mieux. Mon
amour est fondé sur la plus parfaite estime. —
Hélas ! répliqua Tricolore en soupirant, l'amour
qui commence, annonce l'estime, et ment ; l'amour
qui finit promet l'amitié, et manque de parole. —
Voilà une maxime, reprit Discret, qui tire au précieux. Hé quoi ! seriez-vous déjà bel esprit ? Tricolore, Tricolore, ne vous occupez que de votre
cœur.

Apparemment qu'il la pressa ; car la princesse
lui dit avec vivacité : Monsieur, je vais sonner. —
Hé ! que ce ne soit que l'heure du berger, repartit

Discret de la façon la plus tendre. — Non, non,
j'ai trop dans mon cœur l'idée de la vertu. — J'ai
vu un temps, répondit le prince, où j'y aurois du
moins été en second. En prononçant ces mots, il
jeta sur elle un regard expressif, et lui serra la
main. Tricolore en fut émue, et se défendit ainsi :
Ah ! prince, mon cher prince, laissez-moi donc, je
vous prie. Le prince ne la laissa pcint ; mais lui
donna un baiser convenable à la circonstance. —
C'en est trop, s'écria la princesse, sortez et ne re-
venez jamais. Le prince fut anéanti, et dit en tremblant : Madame, je vous obéirai.

Il étoit déjà dans l'antichambre, lorsque Tricolore, touchée de son état, se crut obligée de lui
crier de loin : Prince, quand vous reverra-t-on ? —
Tout-à-l'heure, Madame, répliqua-t-il d'un air res-
suscité. Mais Potiron entra, et Discret sortit, après
lui avoir fait la révérence la plus respectueuse.
Potiron crut que c'étoit pour lui. Un mari s'ap-
proprie les égards qu'on lui rend, et sa vanité est
toujours de moitié avec sa femme, lorsqu'il s'agit
de le tromper.

Potiron salua le prince de la main et du ventre,
à la façon d'un financier. — Voilà un pauvre garçon qui a l'air trop sot, dit-il à la princesse ; je
gagerois que vous l'avez reçu froidement, peut-être
brusquement, et cela n'est pas bien. Je ne trouve
pas mauvais que vous fassiez les honneurs de chez
moi, pourvu que vous n'en fassiez pas fuir les
plaisirs. — Cet avantage, répondit Tricolore, n'est
réservé qu'à vous.

Tandis que Potiron raisonnoit si bien, la fée
Rusée devinoit plus juste sur monsieur son fils.
Elle jugea dans ses yeux que s'il ne tenoit pas le

bonheur, il y touchoit du moins. Il ne se compor-
toit point en fat, qui d'un désaveu même fait une
indiscrétion; il nia avec l'effronterie qu'en pareil
cas on doit avoir, et mentit comme un honnête
homme. Vous ne voulez pas me confier où vous
en êtes avec la princesse, reprit la fée? Je le saurai
malgré vous, je n'ai que cela à vous dire.

En effet, dès qu'elle eut quitté le prince, elle
jeta un enchantement sur tous les maris, dont
l'effet devoit être de leur donner une attaque de
colique toutes les fois que les femmes auroient
une foiblesse. Je crois que le lecteur est bien certain que les tranchées vont devenir un mal épidé-
mique. Tricolore ne se doutoit nullement que Potiron seroit dans le cas d'en avoir. Elle se contem-
ploit sans cesse dans sa vertu; elle se remercioit
à tous moments de la rigueur qu'elle avoit tenue
à son amant: elle ignoroit que d'y attacher tant
de mérite, c'étoit s'en étonner, et que cet étonnement est un commencement de défaillance. La vraie
sagesse ne se sait gré de rien. Une femme indif-
férente résiste, et s'en souvient à peine. Une femme
tendre s'applaudit de ses refus; et s'en applaudis-
sant, elle s'en rappelle l'objet, elle s'attendrit et
finit par se rendre. En général, trop de réflexion
sur la résistance est une préparation à la défaite.
Tricolore, ayant formé le projet de la plus glorieuse
défense, on va voir le succès de sa résolution.

Le lendemain, le prince Discret fit épier le moment de la sortie de Potiron, pour déterminer
l'instant de sa visite. — Princesse, dit-il en l'abor-
dant, vos yeux paroissent fatigués; ce qui prouve
que Potiron a passé une bonne nuit. — Prince, répondit-elle, vous prenez là un ton qui ne vous va

point; cela peut être une chose libre; elle n'est qu'entortillée. — L'explication n'en seroit pas difficile, repartit le prince. — Je vous en dispense, reprit promptement la princesse. De quoi parlerons-nous? — De vous, dit le prince. — Non, cela m'est suspect, répliqua-t-elle. — De Potiron? — Cela m'ennuieroit. — De moi, continua le prince, sur un ton de roman? — Encore moins, dit vivement Tricolore: vous ne parlez de vous que pour en venir à moi. — Je voudrois, poursuivit Discret, que ces deux choses se touchassent. — Vous allez-vous embarquer, si je n'y prends garde, s'écria Tricolore. Tournons l'entretien sur une autre matière. Par exemple, apprenez-moi pourquoi Madame votre mère vous changea en ver luisant, je n'en ai jamais senti la raison de préférence. — Cela est très-simple, répondit le prince. Vous devez vous souvenir du temps où j'étois coq, et même ce fut vous, Madame, qui me fîtes l'honneur de me faire entrer en charge. — Abrégeons, dit Tricolore, en rougissant. — Volontiers, Madame. Vous vous rappelez, sans doute, que la fée Rancune alloit me saisir: il falloit me faire ·disparoître, et ma mère n'y réussit qu'en me donnant la forme d'un très-petit animal. — Elle fit sensément, continua la princesse; il y a tant de grosses bêtes dans le monde.

— Lorsque je fus vermisseau, reprit Discret, je me trouvai tout d'une venue; mais comme mon amour étoit inséparable de moi, tous mes esprits, toutes mes sensations se réunirent et se portèrent dans l'endroit où vous aperçûtes une espèce d'étoile. — Il est étonnant, repartit la princesse, combien cela vous donna de physionomie. — Madame, dit le prince, vous me surprenez; je n'avois point de visage ; et puisqu'il faut vous parler net, mon étoile étoit sur la queue. — Je ne sais que vous dire, poursuivit Tricolore ; mais, je vous le répète, vous aviez beaucoup de physionomie, et c'étoit là une heureuse étoile. — En effet, répliqua le prince Discret, il me souvient que vous me prîtes, avec bonté entre vos doigts, vous me serrâtes avec amitié, vous me chatouillâtes ; je remuai ; vous craignîtes apparemment que je ne vous échappasse ; vous appuyâtes votre pouce, et vous me fîtes le plaisir de me tuer le plus joliment du monde. — Je vous assure, dit Tricolore, que cela me fit une grande impression, et je sentis....— Vous ne saviez pas, interrompit Discret, qu'en ces instants je redevenois homme de votre main.

La princesse resta quelques moments en méditation sur la dernière phrase du prince, et même quelques larmes [humectèrent ses yeux. Discret, absorbé dans l'attention, et Tricolore dans la réflexion, gardoient, l'un et l'autre, un silence d'intérêt, présage certain d'un grand événement. Tricolore le rompit ainsi: Qui auroit pu penser que cet instant, qui vous rendoit vos droits, acquéroit à Potiron celui d'être mon époux?—Si vous vouliez, Madame, dit le prince, de l'air le plus réservé, il y auroit du remède. — Et lequel, répondit Tricolore?

— Madame, reprit le prince, dans la maison d'une princesse telle que vous, il doit y avoir plusieurs charges; Potiron est honoraire, je pourrois être d'exercice. —Je ne vous entends pas, répliqua Tricolore; je veux faire de vous mon ami. — Que ce titre m'est cher, s'écria le prince, en collant sa bouche sur la main de Tricolore! La princesse ne

la retira point, et répéta d'une voix mal assurée:
Oui, vous serez mon ami.

Le prince leva la tête; il s'aperçut que les joues
de Tricolore étoient plus animées, et ses regards
plus tendres. — Que le sentiment que vous pro-
mettez est doux, poursuivit-il! qu'il me rendra heureux! — Vous m'en croyez donc capable, continua
la princesse? — Oui; sans doute, reprit Discret, et
vous avez dans les yeux un grand fonds d'amitié.
Il voulut en même temps la pencher sur la chaise.
— Que prétendez-vous donc, dit-elle? — Une marque d'amitié. — Vous êtes extravagant, reprit-elle,
d'un ton fâché. Je ne sais pourtant si elle étoit fâ-
chée bien réellement; car Potiron, qui étoit au petit
lever, fit dans ce même instant une grimace, dont
la fée Rusée s'aperçut avec joie. Qu'avez-vous donc,
lui dit-elle? — Madame, répondit-il, c'est une espèce
de tranchée. — Il y faut prendre garde, reprit la fée;
ces sortes de maux-là ont quelquefois des suites.

Revenons à Tricolore. Elle en imposa pour un
moment à Discret; et comme elle étoit fort raisonnable, il vit bien qu'il falloit prendre le parti
de lui parler raison, et voici comment il s'y prit:
Oserois-je demander à Madame, en quoi elle fait
consister l'amitié? — A faire tout ce qui dépend
de soi, répliqua la princesse, pour obliger celui qui
en est l'objet. — Ainsi, reprit le prince, si je vous
proposois d'aller bien loin pour me rendre service?
— Je partirois sur le champ, dit vivement la princesse. — Madame, poursuivit Discret, je ne veux
point vous donner tant de peine; je ne vous demande que de ne pas sortir de votre place. — Chan-
geons de conversation, interrompit la princesse,
vous ne savez pas raisonner.

— Madame, permettez-moi de vous faire encore
une question : Je suppose que Potiron ait dans ses
jardins un grenadier, et que ce grenadier ne porte
qu'une grenade dont il vous a confié la garde. Je
suis bien sûr que personne n'y touchera ; mais je
poursuis mon raisonnement. Je suppose encore que
cette grenade est enchantée, qu'elle reste toujours
la même, et que l'on en peut détacher quelques
grains sans en diminuer le nombre, et sans que
la grenade perde rien de sa fraîcheur. Votre meilleur ami se présente, consumé d'altération, et vous
tient ce discours d'une voix foible, mais touchante :
Tricolore, princesse aimable, princesse bienfaisante,
vous voyez mon état ; mon corps est desséché par
une soif ardente, et prêt à succomber. Un grain,
un seul grain de ce fruit délicieux arroseroit mon
âme, et me rendroit à la vie ; le maître de cet arbre
n'en pourra pas souffrir de préjudice ; il ne s'en
apercevra seulement pas. Tricolore, que feriez-vous ?
Tricolore baissa les yeux, rougit, parut chercher
sa réponse et ne la pas trouver.—Vous vous taisez,
reprit le prince ; ah ! vous laisseriez mourir votre
ami ?

La princesse se troubla de plus en plus, et dit,
en détournant la tête : Vous êtes insupportable. Le
prince ne répondit que par exclamation : Ah ! grand
Dieu, que j'ai soif !—Finissez, je vous prie, repartit
Tricolore d'un ton foible, qu'elle vouloit rendre
brusque ; finissez, Monsieur. — Je vous dis que je
meurs de soif, continua très-vivement le jeune
prince. Il y eut un débat suivi d'un silence ; Tricolore l'interrompit par ces paroles entrecoupées :
Discret ! Discret !.... Dans l'instant Potiron, qui étoit
encore chez le roi, se roula sur le parquet, en

criant: Ah! la colique! ah! la colique! je me
meurs!

Apparemment que cette heure étoit critique pour
la vertu des femmes. L'appartement n'étoit rempli
que de pauvres époux, qui faisoient des contorsions
et des grimaces. Les uns se tenoient le ventre, les
autres, malgré le respect du lieu, tomboient dans
des fauteuils. La reine, qui auroit bien voulu donner la colique au roi, accourut, en disant: Mais
qu'est-ce que c'est que ça? Le roi, selon sa coutume, ne savoit que dire; la fée Rancune enrageoit
de tout son cœur, et la fée Rusée rioit de tout le
sien.

Cette première attaque cessa enfin, et la calme
revint. Toute colique venant de pareille cause a
des intervalles certains. Le Grand-Instituteur, témoin d'un événement si étrange, dit qu'il falloit
remercier les dieux de tout. Il fit ensuite une dissertation savante sur les coups du hasard. Le roi,
qui l'écoutoit, se souvint, tandis qu'il étoit en train
de s'ennuyer, que c'étoit l'heure du conseil. Potiron l'y accompagna. Il s'agissoit ce jour-là d'une
affaire importante! on l'avoit mise sur le bureau,
et l'on étoit occupé à recueillir les voix, lorsque
les tranchées reprirent à Potiron avec une grande
violence. Les trois quarts des conseillers tombèrent
successivement dans la même crise, et l'on vit le
plancher de la salle du conseil couvert de juges en
convulsions, qui se culbutoient les uns contre les
autres, et crioient à tue-tête. Potiron l'emportoit
sur eux tous, et répétoit alternativement avec le
chœur: Ah! le ventre! le ventre!

On voyoit les perruques et les bonnets carrés
épars; et cependant la plupart, quoique nu-tête

comme des enfans de chœur, n'en étoient pas moins des têtes à perruque. Le roi envoya chercher le Grand-Instituteur et son premier médecin : ils entrèrent au conseil, précédés de la reine et des fées. Sa Majesté fit le rapport de la maladie ; le docteur prétendit que la cause en étoit dans la région du foie ; mais la fée Rusée le dépaysa, en lui disant : Plus bas, docteur, plus bas. Elle avoua tout bonnement que c'étoit un tour de sa façon. J'ai parié, dit-elle, que je saurois tous ceux que les femmes joueroient à leurs maris, et j'ai jeté sur ceux-ci un charme qui leur donne la colique toutes les fois qu'on les attrappe. C'est une petite plaisanterie de société.

Potiron ne put parler à force de fureur : il regarda fixement sa mère Rancune, et après un grand effort, il se mit à crier : Ah ! ma chère maman , alors je suis..... je suis..... Mais, Madame, poursuivit-il, en s'adressant à la fée Rusée, il faut être exécrable pour avoir une pareille idée. Comment, toutes les fois que j'aurai mal au ventre..... ce sera une preuve certaine ?...... — Achevez, dit la fée, que Madame votre épouse n'aura pas mal au sien.

En ce moment, Potiron fit une grimace, et le premier médecin lui dit, en lui tâtant le pouls : Seigneur, vous grincez les dents. Il y a donc à parier, reprit le Grand Instituteur, que la princesse fait un autre usage des siennes.—Oh ! parbleu, repartit Potiron, je n'entends pas raillerie ; je sais un remède certain ; je vais trouver ma femme, je l'enfermerai, et pour ce qui est de monsieur son prince, je lui..... Ah ! chienne, s'écria-t-il en se jetant de nouveau par terre, ah ! quels tourments ! ah ! que je souffre ! ah ! maudite femme..... — De la dou-

ceur, mon fils, de la douceur, dit la fée Rancune,
respectez notre sexe. Mais il s'agitoit de plus en
plus ; il étoit tout en nage. Le premier médecin
tira sa montre. Hé !... Monsieur le docteur, que
faites-vous là, lui cria le pauvre Potiron? — Seigneur, répondit le premier médecin, je regarde ma
montre pour savoir combien de temps durera l'o-
pération.

Cette attaque ne finissant point: Madame, dit le
patient à la fée Rusée, il faut que votre fils ait le
diable au corps? — Seigneur, repartit la fée, en
faisant la petite voix, il a toujours eu la bonté d'être
au corps de toute ma famille. Mon fils a le talent
de faire durer tant que l'on veut ces sortes de coliques ; c'est pour cela qu'à la cour il est si fort à
la mode.

Le roi des Patagons prit alors son air de dignité,
et s'exprima ainsi : Il seroit pourtant à propos de
faire cesser cette mauvaise plaisanterie. Dans ce
moment, le Grand-Instituteur eut l'honneur d'avoir
les yeux égarés, et proféra ces paroles sacrées: *L'Esprit divin m'inspire: ces coliques ne cesseront que
lorsque la reine et la princesse auront recouvré
leurs prémices.* — Je ne les crois pas dans le chemin, repartit le monarque. — Me voilà décidément
incurable, s'écria Potiron.

— Non, mon fils, non, mon cher enfant, interrompit la fée Rancune ; dès qu'il ne s'agit que des
prémices de la reine et de la princesse, elles les
recouvreront, et j'en suis caution. — Ma mère, dit
Potiron, il faut que vous ayez un grand talent pour
les choses perdues.

— Il y a dans les jardins du palais, reprit Rancune, une fontaine que j'ai enchantée ; ses eaux

ont la vertu de rendre aux femmes ce qu'elles n'ont plus, et aux filles ce qu'elles devroient avoir encore. Mais, je vous avertis, continua-t-elle, que la reine et la princesse ne reviendront dans cet état qu'à une condition bien différente: il faudra que la reine en fasse la galanterie au roi. — Je vous remercie, dit le monarque: enfin je vais donc jouer un rôle. — Pour vous, mon fils, poursuivit la fée, si vous voulez que votre colique se passe, il faut que vous vous détachiez en faveur d'un autre, du nouveau trésor dont votre femme jouira. — Pourquoi non, répliqua Potiron? Je suis accoutumé à cela.

Rien de si tentant, ni de si dangereux, que les remèdes que l'on ne connoît point. La fontaine enchantée devoit être suspecte, puisqu'elle étoit indiquée par une fée qui n'étoit contente que lorsque les autres ne l'étoient pas; mais ce que promettoient ses eaux étoit bien séduisant. Tricolore s'y baigna, et fit bien; la reine l'imita, et fit mal. La première recouvra toute l'intégrité d'une fille de douze ans; mais sa mère tomba dans un piége que Rancune s'étoit bien donné de garde de déclarer. Cette fontaine avoit le secret merveilleux qu'on avoit annoncé; mais ce n'étoit que pour celles qui n'avoient jamais eu qu'un amant. Je ne parle point d'un mari; cela ne se compte point.

Elle produisoit un effet tout différent sur les femmes qui avoient eu plus d'une affaire dans leur vie: ces eaux ne manquoient jamais de faire paroître empreints sur le corps, les portraits de tous les amants que l'on avoit eus; et pour ménager le terrain, ils n'étoient qu'en miniature, comme s'ils eussent été peints exprès pour être mis en

bague. Les ressemblances étoient frappantes. La
reine en fit la malheureuse épreuve, elle se plon-
gea dans la fontaine avec confiance ; elle fut con-
fondue, lorsqu'en sortant, elle se vit si bien meu-
blée ; elle reconnut tous ses amis ; elle fit l'impossible pour les effacer de là, comme ils l'étoient de
son cœur. Plus elle se baignoit, plus les couleurs
devenoient vives ; les proportions étoient gardées ;
tous les dessins exacts ; les nuances bien ménagées ;
c'étoient autant de chefs-d'œuvre de peinture. La
reine, qui n'étoit pas connoisseuse, ne sentit point
le prix de ce nouveau mérite ; elle questionna sa
fille ; elle s'étonnoit qu'elle n'eût pas le portrait
du Grand-Instituteur ; mais comme la princesse
l'avoit reçu par nécessité, il n'en paroissoit nulle
trace.

Le charme n'exprimoit que les portraits de ceux
qu'on avoit eus par goût. Elle étoit dans cet excès
de trouble, lorsqu'on vint lui annoncer le roi. Ce
monarque venoit la chercher avec impatience, elle
fit une résistance qui, pour la première fois de sa
vie, ne fut pas mal jouée. Une pudeur d'amour-
propre lui monta au visage : elle se rappeloit que
son époux avoit plus de curiosité que d'activité ;
et c'étoit, dans le cas présent, tout ce qu'elle craignoit. Elle hésitoit, elle balbutioit, et le roi crut
qu'elle minaudoit ; ses désirs en redoublèrent, il
lui donna la main, et la traîna dans son appartement.

A peine y fut-elle, que sa crainte devint exces-
sive. En vérité, Seigneur, lui dit-elle, il me semble
qu'à nos âges... cela n'est pas raisonnable. — Que
parlez-vous d'âge, Madame, répondit le roi ? la
fontaine vient de l'effacer. Vous me paroissez plus

belle, plus jeune, plus fraîche que le jour que je vous épousai : votre printemps est revenu, et je sens qu'il a ramené le mien. En cet instant, il lui prit une vivacité de jeune homme. Seigneur, dit la reine, en le repoussant, quoi ! malgré les lumières. — Comment ? repartit le roi, voilà une fontaine miraculeuse, elle donne de la modestie.; mais je vous connois, et vous me saurez gré de ne la pas ménager. La reine tomba en faiblesse, et le monarque s'écria : Ah ! bon Dieu, que de portraits ! Eh ! mais, mais, je connois toutes ces figures-là.

Voilà toute ma petite écurie ; voici les pages de ma chambre ; voici celui-ci ; voici celui-là ; oh ! oh ! voilà mon gendre aussi, en vérité, il est parlant ; c'est bien la chose la plus singulière que j'aie vue de ma vie. La reine reprit ses sens, et vit le roi occupé à regarder avec son gros verre pour examiner mieux. — Votre majesté, dit-elle, doit être bien surprise ! — Extrêmement, Madame, vous savez que je suis amateur. Tous ces portrait-là sont fort bons, au moins ; vous figureriez très-bien dans le cabinet d'un curieux, et je pense qu'il faut vous exposer au salon.

Sire, reprit la reine, vous devez savoir combien mes amis me sont chers : j'ai prié une fée de faire en sorte que j'en eusse tous les portraits ; je ne m'attendois pas qu'elle les placeroit là. — Je trouve cela très-commode, dit le roi, cela ne remplit point les poches. Mais, poursuivit-il, je suis scandalisé d'une chose parmi tous ces petits portraits ; je ne vois point le mien, et je remarque que tous vos amis sont des enfants de quinze à vingt-cinq ans au plus ! — Seigneur, répliqua la reine, je

crains tant de les perdre, que je les prends toujours les plus jeunes qu'il m'est possible. — Il me
vient une idée, interrompit le roi; je voudrois
avoir des estampes de tout cela; je serois curieux
de vous faire graver, comme la chapelle des *Enfans Trouvés*. Le Grand-Instituteur est un fort
joli graveur, je vais le mander, je veux le consulter.

Malgré la reine, le Grand-Instituteur parut; le
premier coup d'œil le frappa. Voilà, s'écria-t-il,
une galerie dans un goût nouveau; ce que j'y trouve
de charmant, c'est que tous ces tableaux se portent aisément; c'est ce que, nous autres savants,
nous appelons communément, des *Veni mecum*.
— Cela fera une jolie suite de portraits, dit le roi.
Alors l'Instituteur fit cette demande à la reine :
Comment votre majesté désire-t-elle que je la
grave ? Est-ce au burin, ou à l'eau forte? — Monsieur l'Instituteur, repartit la reine, eh! pour Dieu!
mêlez-vous de vos affaires. — Il me paroit, répondit le Grand-Instituteur, que bien des gens se sont
mêlés des vôtres : je ne demande pas mieux que
de tirer ces estampes; mais, en conscience, ce
n'est pas au roi à faire les frais des planches.

— Je vous entends, dit le roi, parce que j'ai
bien de l'esprit: ces petits amis-là m'ont l'air d'a-
voir été autant d'amants. — Je le croirois assez;
poursuivit l'Instituteur; c'est une méchanceté de
la fée Rancune, qui a décidé que tout portrait,
qui cesseroit d'être dans le cœur de la reine, pas-
seroit où vous les voyez. On envoya chercher la
fée Rancune, et le Grand-Instituteur, en attendant,
examina les portraits en détail. En voici, dit-il, de
très-jolis: ils ne sont qu'au crayon; mais les atti-

tudes sont plaisantes; ce sont de vrais Klinchetel.
Rancune arriva. Nous admirons votre ouvrage, dit
le roi; vous avez eu, je vous l'avoue, une idée
bien extraordinaire. — J'ai voulu savoir, répondit
la fée, s'il y avoit une femme irréprochable, et
j'ai imaginé l'enchantement de la fontaine. S'il s'en
trouve une seule, poursuivit-elle, qui n'ait pas un
petit portrait sur le corps, tous ceux de la reine
disparoîtront. — C'est une expérience à faire, s'é-
cria la reine, et elle sera d'autant plus facile, que
presque toutes les femmes se sont baignées. Il n'y
a qu'à les faire passer dans la salle des Suisses,
et nommer visiteur le Grand-Instituteur.

Madame, répliqua celui-ci, c'est un droit attaché à ma place; mais je veux de la décence; et j'e-
xige que la visite se fasse dans ma petite maison.
La proposition fut acceptée : chaque femme, sans lui
en dire la cause, fut appelée et reçue en son rang.
Le visiteur s'acquittoit de son emploi avec toute
l'attention possible; il débutoit toujours par cette
phrase : *Madame, permettez-moi de voir s'il n'y a
pas quelque chose là dessous.* Cela ne manquoit
jamais ; c'étoient perpétuellement des femmes à
tiroir. La reine crut que les coquettes pourroient
rompre le charme, mais le saint visiteur observa
que la seule différence étoit dans la peinture, et
que les portraits de leurs amants n'étoient jamais
qu'en pastel. Il prit le parti de les envoyer chez
Loriot, pour les faire fixer.

On fit venir une dévote célèbre, qui ne sortoit
guères d'un temple dont elle étoit voisine; elle
marchoit gravement, parloit froidement, sentoit
vivement, et ne regardoit qu'en dessous; c'étoit la
réputation la plus imposante du royaume.

Le Grand-Instituteur représenta que vraisemblablement cette femme n'étoit pas dans le cas de
l'épreuve. La vertu, dit-il, va rarement à la fontaine, ou par négligence, ou par ce qu'elle n'en a
pas besoin, ou par ce qu'elle ne fait pas usage du
privilége qui y est attaché. On risqua l'aventure :
la dévote fut interdite, lorsque le visiteur lui tint
ce discours : Madame, votre vertu va dans l'instant recevoir le plus grand éclat; permettez que
je vous visite. — Insolent, s'écria la dévote. — C'est
ma charge, madame... — Je vous donnerai un souf-
flet. — C'est ce qu'il faut voir, répliqua-t-il.

Notre sainte piquée, frappe, égratigne, mord ; le
visiteur ardent, tient ferme, pousse et triomphe.
— Oh ! oh ! s'écria-t-il, me voici en pays de connoissance; voilà les portraits de tous nos bons
amis. Je reconnois tous les novices et les jeunes
profés du temple où vous allez. Voici le procureur
général; ici c'est le recteur, qui n'est pas nommé
ainsi pour rien, à ce qu'il me paroît. Mais, mais
en vérité, Madame, cela est très-édifiant; votre
corps a l'air d'une congrégation. J'aperçois cependant un cadre qui n'est pas rempli, cela fait un
mauvais effet ; j'ai envie d'y mettre ordre. — Ah !
monseigneur, répondit la dévote, en se mettant les
mains sur le visage, n'abusez pas de votre charge.
Ah ! que faites-vous ? rien ne vous arrête ; je n'o-
serai pas voir la lumière après cette aventure...
Ah ! monseigneur, ah ! que vous avez un grand...
talent pour peindre. Le Grand-Instituteur fut un
héros... aussi se trouva-t-il dans le cadre en habit de
cérémonie. Tous les petits portraits avoient changé
d'attitude, et paroissoient, avec respect, proster-
nés autour de lui. Le Grand-Instituteur fit con-

duire honorablement chez lui cette femme célèbre, et jugea à propos de finir ses visites.

Le prince Potiron, qui étoit délivré de sa colique, prit son parti sur Tricolore. Tous les oracles, qui avoient paru contradictoires, se trouvèrent vérifiés. Le prince Discret avoit eu la princesse en qualité d'amant, et ne l'avoit pas eue en qualité de mari; c'étoit tant mieux pour elle. Potiron ne l'avoit eue que comme un sot, et même n'en profita point; ainsi il l'eut, et ne l'eut pas: elle lui avoit apporté ses prémices, et cependant avoit eu dix-sept enfants. Discret, par le moyen de la fontaine enchantée, avait cueilli cette fleur si précieuse, quoiqu'il eût été prévenu par le Grand-Instituteur. Il avoit reçu la mort de sa maîtresse, et ç'avoit été tant mieux pour lui. Potiron avoit eu la colique bien serrée.

Après de si grands événements, les deux fées allèrent dans d'autres cours; le roi continua de végéter dans la sienne, et la reine passa son temps à se faire achever de peindre.

F I N.

CRITIQUE, ANALYSES & EXTRAITS

D'OUVRAGES INTÉRESSANTS

ANCIENS ET MODERNES

Les Amours pastorales de Daphnis et Chloé, *traduites du grec de Longus, par Amyot. Paris, 1559, in-8. — Edition revue par P.-L. Courier.*

Longus, romancier grec qui vivait, croit-on, vers le 4ᵉ siècle de notre ère, nous a laissé sous le titre de *Pastorale,* un des romans anciens les plus estimés et qui a été traduit en français souvent et par un grand nombre de savants. De toutes ces traductions, la plus recherchée comme étant celle qui reproduit le mieux l'esprit du texte, est celle qui nous a été donnée par Amyot grand aumônier de Charles IX, évêque d'Auxerre et ami de Montaigne.

Huet, qui fut aussi évêque d'Avranches, blâme,
dit Lenglet-Dufresnoy dans son livre *De l'usage
des Romans*, la conduite du roman de Daphnis
et Chloé : « Tout y est trop selon la nature et
selon l'histoire. C'est ce qui l'empêcha, dans la
vivacité de la plus agréable jeunesse, d'en publier
la version latine qu'il en avait faite lorsqu'il
n'était encore que laïc. Mais Amyot était prêtre ;
il était abbé et moins scrupuleux. Aussi a-t-il eu
la condescendance de nous en donner le premier
une version française, qu'il eut soin de faire
imprimer magnifiquement pour la rendre plus
lisible. On croit même qu'elle n'a paru que depuis
son voyage au Concile de Trente et à Rome ; ou
ce fut du moins pour se mieux préparer à paraître dans cette auguste assemblée. » — Il a été
fait de très-nombreuses réimpressions de cet ouvrage, et entre autres, une édition populaire
a été publiée récemment, au prix modique de
25 centimes, dans la *Bibliothèque Nationale*.
C'est le travail fait par Paul Louis Courier qui,
d'après le texte grec de Longus restitué par
lui, retoucha et compléta la traduction d'Amyot.
Cette édition, mise à un prix si minime, est
donc une des meilleures parues jusqu'aujour-
d'hui, et comme cette pastorale est souvent peu
lue par les gens qui la possèdent, nous leur demandons la permission de leur en reproduire
ici quelques passages des plus naïfs.

« . . . . . Revenus à leurs troupeaux, ils
s'assirent au pied d'un chêne et regardèrent
si Daphnis était point quelque part blessé. Il

n'y avait en tout son corps trace de sang ni mal
quelconque, mais bien de la terre et de la boue
parmi ses cheveux et sur lui. Si résolut de se
laver, afin que Lamon et Myrtale ne s'aperçus-
sent de rien. Venant donc avec Chloé à la caverne des Nymphes, il lui donna sa panetière et
son sayon à garder et se mit au bord de la fontaine à laver ses cheveux et son corps.

« Ses cheveux étaient noirs comme l'ébène,
tombant sur son col bruni par le hâle; on eût
dit que c'était leur ombre qui en obscurcissait
la teinte. Chloé le regardait et lors elle s'avisa
que Daphnis était beau..... Elle lui lava le dos
et les épaules, et en le lavant, sa peau lui sem-
bla si fine et si douce, que, plus d'une fois, sans
qu'il en vit rien, elle se toucha elle même,
doutant à part soi qui des deux avait le corps
plus délicat. Comme il se faisait tard pour lors,
étant déjà le soleil bien bas, ils ramenèrent leurs
bêtes aux étables ; et de là en avant Chloé n'eut
plus autre chose en l'idée que de revoir Daphnis
se baigner. Quand ils furent le lendemain de
retour au pâturage..., elle voulut qu'il se bai-
gnât encore et pendant qu'il se baignait, elle
le voyait tout nu, et le voyant elle ne se pouvait
tenir de le toucher ; puis le soir, retournant au
logis, elle pensait à Daphnis nu, et ce penser
là était commencement d'amour.....

« . . . . . Et un jour Daphnis (car si fallait-il
qu'il connût aussi la détresse d'amour) prit querelle avec Dorcon. Ils contestaient de leur beauté
devant Chloé qui les jugea et un baiser de Chloé

fut le prix destiné au vainqueur; là où Dorcon
le premier parla: « Moi, dit-il, je suis plus
grand que lui..... Je suis blanc comme lait, blond
comme gerbe à la moisson, frais comme la feuillée
au printemps. Aussi est ce ma mère et non pas
quelque bête qui m'a nourri enfant. Il est petit
lui, chétif, n'ayant de barbe non plus qu'une
femme, le corps noir comme peau de loup........
On dit qu'il a tété une chèvre; je le crois, ma
fy, et n'est pas merveille si, nourisson de bi-
que, il a l'air d'un biquet ».

« Ainsi dit Dorcon; et Daphnis: « Oui, une
chèvre m'a nourri de même que Jupiter;..... je
n'ai point de barbe, ni Bacchus non plus ;.....
celui-là est roux comme un renard, blanc comme
une fille de la ville, et le voilà tantôt barbu
comme un bouc. Si c'est moi que tu baises,
Chloé, tu baiseras ma bouche; si c'est lui, tu
baiseras ces poils qui lui viennent aux lèvres.
Qu'il te souvienne, pastourelle, qu'à toi aussi une
brebis t'a donné son lait, et cependant tu es
belle ». A ce mot, Chloé ne put le laisser achever; mais, en partie pour le plaisir qu'elle eut
de s'entendre louer, et aussi que de longtemps
elle avait envie de le baiser, sautant en pieds,
d'une gentille et toute naïve façon, elle lui
donna le prix. Ce fut bien un baiser innocent
et sans art; toutefois, c'était assez pour enflammer un cœur dans ses jeunes années.

« Dorcon, se voyant vaincu, s'enfuit dans le
bois pour cacher sa honte et son déplaisir......
Pour Daphnis, il était comme s'il eût reçu non

pas un baiser de Chloé, mais une piqûre enve-
nimée. Il devint triste en un moment; il sou-
pirait, il frissonnait, le cœur lui battait; il pâ-
lissait quand il regardait Chloé, puis tout à coup
une rougeur lui couvrait le visage. Pour la première fois, alors, il admira le blond de ses cheveux, la douceur de ses yeux et la fraîcheur du
teint plus blanc que la jonchée du lait de ses
brebis. On eût dit que de cette heure il commençait à voir, et qu'il avait été aveugle jusque là.....

« ..... Daphnis et Chloé cependant , jusques
à nuit close, travaillèrent à leurs chèvres et brebis... Ils souffraient, il voulaient quelque chose
et ne savaient ce qu'ils voulaient. Cela seulement
savaient-ils bien, l'un que son mal était venu
d'un baiser, l'autre d'un baigner. Mais plus encore les enflammait la saison de l'année. Il était
jà environ la fin du printemps et commencement
de l'été..... Daphnis, de toutes parts échauffé,
se jetait dans les rivières, et tantôt se lavait,
tantôt s'ébattait à vouloir prendre les pois-
sons..... Puis, quand ce venait sur le midi, adonc
étaient ils tous deux plus ardemment épris que
jamais, pour ce que Chloé, voyant en Daphnis
entièrement nu une beauté de tout point accom-
plie, se fondait et périssait d'amour.....

« ..... Sur la chaleur de midi, pendant que
leurs troupeaux étaient tapis à l'ombre, Chloé
ne se donna garde qu'elle fut endormie: ce
que Daphnis apercevant, pose sa flûte pour à
son aise la regarder et contempler ...... Ainsi

qu'il était en ces termes, une cigale, poursuivie
par une arondelle, se vint jeter d'aventure dans
le sein de Chloé; pourquoi l'arondelle ne la put
prendre, ni ne put aussi retenir son vol, qu'elle
ne s'abattît jusqu'à toucher de l'aile le visage
de Chloé, dont elle s'éveilla en sursaut, et, ne
sachant que c'était, s'écria bien haut : mais
quand elle eût vu l'arondelle voletant encore
autour d'elle et Daphnis riant de sa peur, elle
s'assura, et frottait ses yeux qui avaient encore
envie de dormir; et lors, la cigale se prend à
chanter entre les tetins mêmes de la gentille
pastourelle, comme si, dans cet asile, elle lui eût
voulu rendre grâce de son salut; dont Chloé, de
nouveau surprise, s'écria encore plus fort, et
Daphnis de rire; et usant de cette occasion, il
lui mit la main bien avant dans le sein, d'où
il retira la gentille cigale qui ne se pouvait jamais taire, quoiqu'il la tînt dans sa main. Chloé
bien aise de la voir, et, l'ayant baisée, la remit,
chantant toujours, dans son sein ... »

Plus loin, après avoir raconté la mort de Dorcon, tué par les corsaires, et l'ensevelissement
du malheureux bouvier, Paul Louis Courier,
traduisant Longus, ajoute : « Finies en cette
manière les obsèques de Dorcon, Chloé conduisit
Daphnis à la caverne des nymphes où elle le lava;
et lors elle même pour la première fois en pré-
sence de Daphnis lava aussi son beau corps blanc
et poli, qui n'avait que faire de bain pour paraître beau, puis cueillant ensemble des fleurs
que portaient la saison, en firent des couronnes

aux images des nymphes, et contre la roche attachèrent la flûte de Dorcon pour offrande ....
Mais quoiqu'il y eût, Daphnis ne se pouvait
éjouir à bon escient depuis qu'il eut vu Chloé
nue, et sa beauté à découvert, qu'il n'avait point
encore vue. Il s'en sentait le cœur malade, ne
plus, ne moins que d'un venin qui l'eût en secret consumé ».

Passons maintenant au livre second :

« ..... Pour lors, Daphnis et Chloé folâtraient
comme deux jeunes levrons, ils sautaient, ils flû-
taient ensemble, ils chantaient, luttaient bras à
bras l'un contre l'autre..... Et ainsi comme ils
s'ébattaient, survint un vieillard portant grosse
cape de poils de chèvre, des sabots en ses pieds,
panetière à son col..... Se séant auprès d'eux, il
se prit à leur dire: « Le bonhomme Philétas,
« enfants, c'est moi qui jadis ai chanté maintes
« chansons à ces Nymphes..... J'ai été jeune et
« j'aimais Amaryllide.... mon âme souffrait, mon
« cœur palpitait, mon corps tressaillait; je me
« jetais dans les rivières, comme si un feu m'eût
« brûlé....... Je remerciais Echo qui appelait
« Amaryllide après moi, et de dépit rompais ma
« flûte de ce qu'elle ne me pouvait faire venir
« mon Amaryllide. Car il n'est remède, ni breu-
« vage quelconque, ni charme, ni chant, ni pa-
« roles qui guérissent le mal d'amour, si non le
« baiser, embrasser, coucher ensemble nue à
« nu ».

Philétas, après les avoir enseignés, se dé-
partit d'avec eux, emportant pour son loyer

quelques fromages et un chevreau daguet qu'ils
lui donnèrent. Mais quand il s'en fut allé, eux,
demeurés tout seuls, et ayant pour la première
fois entendu le nom d'amour, se trouvèrent en
plus grande détresse qu'auparavant, et retour-
nés en leur maison, passèrent la nuit à comparer
ce qu'ils sentaient en eux-mêmes avec les paroles
du vieillard.....

« ... Le lendemain au point du jour ils menèrent les bêtes aux champs, s'entre-baisèrent
l'un l'autre aussitôt qu'ils se virent, ce qu'ils
n'avaient oncques fait encore, et croisant leurs
bras s'accolèrent ; mais le dernier remède...., ils
n'osaient se dépouiller et coucher nus. Aussi
eût-ce trop hardiment fait, non pas seulement
une jeune bergère telle qu'était Chloé, mais
même à lui chevrier. Ils ne purent donc la nuit
suivante reposer non plus que l'autre, et n'eu-
rent ailleurs la pensée qu'à remémorer ce qu'ils
avaient fait ; et regretter ce qu'ils avaient omis
à faire, disant en eux-mêmes : « Nous nous
sommes baisés, et de rien ne nous a servi ; nous
nous sommes l'un à l'autre accolés et rien ne
nous est amendé. Il faut donc dire que coucher
ensemble est le vrai remède d'amour ; il le faut
donc essayer aussi. Car pour sûr, il y doit avoir
quelque chose de plus qu'au baiser ».

« Après semblables pensers, leurs songes,
ainsi qu'on peut croire, furent d'amour et de
baisers ; et ce qu'ils n'avaient point fait le jour,
ils le faisaient lors en songeant, couchés nue à
nu. Dès le fin matin donc, ils se levèrent plus

épris encore que devant; et chassant avec le
sifflet leurs bêtes aux champs, leur tardait qu'ils
ne se trouvassent pour répéter leurs baisers, et,
de si loin qu'ils se virent, coururent en souriant
l'un vers l'autre, puis s'entre-baisèrent, puis
s'entre-accolèrent; mais le troisième point ne
pouvait venir; car Daphnis n'osait en parler, ni
ne voulait Chloé commencer, jusqu'à ce que
l'aventure les conduisit à faire en cette manière.

« Ils étaient sous le chêne assis l'un près
de l'autre et ayant goûté du plaisir de baiser,
ne se pouvaient soûler de cette volupté. L'em-
brassement suivait quant et quant pour baiser
plus serré; et en ce point comme Daphnis tira
sa prise un peu trop fort, Chloé, sans y penser,
se coucha sur un côté, et Daphnis, en suivant
la bouche de Chloé pour ne perdre l'aise du
baiser, se laissa de même tomber sur le côté;
et reconnaissant tous deux en cette contenance
la forme de leur songe, longtemps demeurèrent
couchés de la sorte, se tenant bras à bras aussi
étroitement comme s'ils eussent été liés ensemble,
sans y chercher rien davantage; mais pensant
que ce fut le dernier point de la jouissance amoureuse, consumèrent en vaines étreintes la plus
grande partie du jour, tant que le soir les y
trouva; et lors, en maudissant la nuit, ils se sépa-
rèrent et ramenèrent leurs troupeaux au tect.
Et peut-être enfin eussent-ils fait quelque chose
à bon escient, n'eût été un tel tumulte qui survint
en la contrée...»

Passons maintenant au livre troisième; en
voici quelques citations:

« ... Et, sur le commencement du printemps
que la neige se fondait, la terre se découvrait et
l'herbe dessous poignait, les bergers alors sorti-
rent et menèrent leurs bêtes aux champs, mais
devant tous Daphnis et Chloé ... d'abord s'en
coururent droit aux nymphes, dans la caverne,
ensuite à Pan sous les pins, puis sous le chêne
où ils s'assirent en regardant paître leurs troupeaux et s'entre-baisant quant et quant, puis
allèrent chercher des fleurs pour en faire des
couronnes aux dieux....

« Et alors les brebis bêlaient, les agneaux sautaient et se courbaient sous le ventre de leur
mère; les béliers poursuivaient les brebis qui
n'avaient point encore agnelé, et les ayant arrê-
tées, saillaient puis l'une, puis l'autre; autant
en faisaient les boucs après les chèvres, sautant
à l'environ, combattant et se cossant fièrement
pour l'amour d'elles. Chacun avait les siennes
à soi et gardait qu'autre ne fit tort à ses amours;
toutes choses dont la vue aurait, en des vieillards
éteints, rallumé le feu de Vénus, et trop mieux
échauffait ces deux jeunes personnes, qui, de longtemps inquiets, pourchassant le dernier but du
contentement d'amour, brûlaient et se consu-
maient de tout ce qu'ils entendaient et voyaient,
cherchant quelque chose qu'ils ne pouvaient trouver outre le baiser et l'embrasser. Mêmement
Daphnis, qui, devenu grand et en bon point pour
n'avoir bougé tout l'hiver de la maison à ne rien

faire, était gros comme l'on dit d'embrasser, faisant toutes choses plus curieusement et plus hardiment que paravant, pressant Chloé de lui accorder tout ce qu'il voulait et de se coucher nue à nu, avec lui, plus longuement qu'ils n'avaient accoutumé. « Car, il n'y a, disait-il, que ce seul point qui nous manque des renseignements de Philétas, pour la dernière et seule médecine qui apaise l'amour. »

« Et Chloé lui demandant ce qu'il y pouvait avoir outre se baiser, s'embrasser et se coucher tout vêtus, et ce qu'il pensait faire plus quand ils seraient couchés nus : « Cela, lui dit-« il, que les béliers font aux brebis et les boucs « aux chèvres. Vois-tu comment après cela les « brebis ne s'enfuient plus, ni les béliers ne se « travaillent plus à courir après, mais paissent « tous les deux amiablement ensemble, comme « étant l'un et l'autre assouvis et contents. Et « doit bien être quelque chose plus douce que « ce que nous faisons, et dont la douceur sur-« passe l'amertume d'amour. » — « Et mais, fit-« elle, vois-tu pas que les béliers et les brebis, « les boucs et les chèvres, faisant ce que tu dis, « se tiennent debout? Les mâles montent des-« sus les femelles, les femelles soutiennent les « mâles sur leur dos. Et toi tu veux que je me « couche avec toi à terre et toute nue. Sont-« elles donc pas plus vêtues de leur laine ou bien « de leur poil que moi de ce qui me couvre? »

« Il la crut, et, comme il voulut se coucher près d'elle, où il fut longtemps, ne sachant com-

ment faire pour venir à bout de ce qu'il désirait, il la fit relever, l'embrassa par derrière en
imitant les boucs ; mais il s'en trouvait encore
moins satisfait que devant. Si se rassit à terre,
et se prit à pleurer de ce qu'il savait moins que
les béliers accomplir les œuvres d'amour.

Or, y avait-il non guère loin de là un qui cul-
tivait son propre héritage et s'appelait Chromis, homme ayant jà passé le meilleur de son âge,
et étant tout-à-l'heure cassé. Il tenait avec soi
certaine petite femme, jeune et belle, et délicate,
pour autant mêmement qu'elle était de la ville
et avait nom Lycenion ; laquelle, voyant passer tous les matins Daphnis qui menait ses bêtes en pâture et le soir les ramenait au tect, eut
envie de s'accointer de lui pour en faire son
amoureux, et tant le guetta qu'une fois le trouva
seulet..... Mais elle n'osa rien lui dire se doutant qu'il aimait Chloé parce qu'il était toujours
avec elle..... Si fit entendre à Chromis un matin,
qu'elle s'en allait voir une sienne voisine en
travail d'enfant, suivit les jeunes gens pas à
pas, et se cachant entre des buissons pour n'être
point aperçue, vit de là tout ce qu'ils faisaient,
entendit tout ce qu'ils disaient et très bien sut
remarquer comment et pour quelle cause pleu-
rait le pauvre Daphnis. Par quoi ayant pitié de
leur peine et quant et quant considérant que
double occasion de bien faire se présentait à elle,
l'une de les instruire de leur bien, l'autre d'accomplir son désir, elle usa d'une telle finesse.

« Le lendemain, feignant d'aller voir sa voisine qui travaillait d'enfant, elle vint droit au chêne sous lequel était Daphnis et Chloé et contrefaisant la marrie troublée : « Hélas ! mon ami, « dit-elle, Daphnis, je te prie, aide-moi. De mes « vingt oisons, voilà un aigle qui m'emporte le « plus beau. Mais parce qu'il est trop pesant l'ai- « gle ne l'a pu enlever jusque sur cette roche là « haut, où est son aire, ains est allé cheoir avec « au fond du vallon dedans ce bois ici ; et pour ce, « je te prie, mon Daphnis, viens y avec moi, car « toute seule j'ai peur, et m'aide à le recou- « vrer..... »

« Daphnis ne se doutant de rien, se leva incontinent, prit sa houlette en sa main, et s'en fut avec Lycenion. Elle le mena loin de Chloé, dans le plus épais du bois, près d'une fontaine, où l'ayant fait seoir : « Tu aimes, lui dit-elle, Daph- « nis, tu aimes la Chloé. Les Nymphes me l'ont « dit cette nuit. Elles me sont venues, ces Nym- « phes, conter en dormant les pleurs que tu fai- « sais hier, et si m'ont commandé que je t'ôtasse « de cette peine en t'apprenant l'œuvre d'amour « qui n'est pas seulement baiser et embrasser, « ni faire comme les béliers et bouquins ; c'est « bien autre chose, et bien plus plaisante que « tout cela. Par quoi, si tu veux être quitte du « déplaisir que tu as et trouver l'aise que tu y « cherches, ne fais seulement que te donner à moi, « apprenti joyeux et gaillard ; et moi pour l'amour « des Nymphes, je te montrerai ce qui en est ».

Daphnis perdit toute contenance, tant il fut aise, comme un pauvre garçon de village, jeune

et amoureux. Si se met à genoux devant Lycenion, la priant à mains jointes de tôt lui montrer ce doux métier, afin qu'il pût faire à Chloé
ce qu'il désirait; et comme si c'eût été quelque
grand et merveilleux secret, lui promit un chevreau de lait, des fromages frais, de la crême,
et plutôt la chèvre avec. Adonc, le voyant Lycenion plus naïf et plus simple encore qu'elle
n'avait imaginé, se prit à l'instruire de cette
façon. Elle lui commanda de s'asseoir auprès
d'elle, puis de la baiser tout ainsi qu'ils avaient
coutume entre eux, et en la baisant de l'embrasser et finalement de se coucher à terre au
long d'elle. Comme il se fut assis, qu'il l'eut
baisée, se fut couché, elle, le trouvant en état,
le souleva un peu et se glissa sous lui; puis elle le
mit dans le chemin qu'il avait jusque-là cherché,
où chose ne fit qui ne soit en tel cas accoutumée,
nature elle-même du reste l'instruisant assez.

« Finie l'amoureuse leçon, Daphnis, aussi
simple que devant, s'en voulut courir vers Chloé,
pour lui faire tout aussitôt ce qu'il venait d'apprendre, comme s'il eût eu peur de l'oublier. Mais
Lycenion le retint, et lui dit : « Il faut que tu
« saches encore ceci, Daphnis : c'est que, comme
« j'étais déjà femme, tu ne m'as point fait mal
« à ce coup ; car un autre homme, il y a déjà
« quelque temps, m'enseigna cela que je te viens
« d'apprendre, et en eut mon pucelage pour
« son loyer. Mais Chloé, lorsqu'elle luttera cette
« lutte avec toi, la première fois, elle criera,
« elle pleurera, et si saignera, comme qui l'au-

« rait tuée; mais n'aie point peur, et quand elle
« voudra se prêter à toi, amène-là ici afin que
« si elle crie, personne ne l'entende, et si elle
« pleure, personne ne la voie, et si elle saigne,
« qu'elle puisse se laver en cette fontaine. Et
« te souvienne cependant que je t'ai fait homme
« premier que Chloé. »

« Après lui avoir donné cet avis, Lycenion
s'en alla d'un autre côté du bois, faisant semblant de chercher encore son oison ; et Daphnis
alors, songeant à ce qu'elle lui avait dit, ne savait plus s'il oserait rien exiger de Chloé outre
le baiser et l'embrasser. »

Avant de quitter le roman de *Daphnis et
Chloé*, il est bon de faire observer que, en outre
de ces scènes d'amour et de volupté, on rencontre encore dans cet ouvrage quelques tableaux
d'une autre nature, ou plutôt contre nature,
notamment dans le livre quatrième :

« ... Astyle vint le lendemain à cheval, et
quant et lui, un sien plaisant (Gnathon) qu'il
menait pour passer le temps.... Gnathon était
un gourmand, qui ne savait autre chose faire
que manger et boire jusqu'à s'enivrer, et après
boire, assouvir ses déshonnêtes envies ; en un
mot, tout gueule et tout ventre, et tout...
ce qui est au dessous du ventre; lequel ayant
vu Daphnis quand il apporta ses présents, ne
faillit à le remarquer ; car, outre ce qu'il
aimait naturellement les garçons, il rencon-
trait en celui-ci une beauté telle que la ville

n'en eût su montrer de pareille. Si se proposa de l'accointer, pensant aisément venir à bout d'un jeune berger comme lui. Ayant tel dessein dans l'esprit, il ne voulut point aller à la chasse avec Astyle, ains descendit vers la marine, là où Daphnis gardait ses bêtes, feignant que ce fût pour voir les chèvres ; mais au vrai, c'était pour voir le chevrier. Et afin de le gagner d'abord, il se mit à louer ses chèvres, le pria de lui jouer sur sa flûte quelque chanson de chevrier, et lui promit qu'avant peu il le ferait affranchir, ayant, disait-il, tout pouvoir et crédit sur l'esprit de son maître.

« Et comme il crut s'être rendu ce jeune garçon obéissant, il l'épia le soir sur la nuit qu'il ramenait son troupeau au tect, et accourant à lui, le baisa premièrement, puis lui dit qu'il se prêtât à lui en même façon que les chèvres aux boucs. Daphnis fut longtemps qu'il n'entendait point ce qu'il voulait dire, et à la fin lui répondit: que c'était bien chose naturelle que le bouc montât sur la chèvre, mais qu'il n'avait oncques vu qu'un bouc saillit autre bouc, ni que les béliers montassent l'un sur l'autre, ni les coqs aussi, au lieu de couvrir les brebis et les poules.

« Gnathon lui mit la main au corps, comme le voulant forcer ; mais Daphnis le repoussa rudement, avec ce qu'il était si ivre qu'à peine se tenait-il en pieds, le jeta à renverse, et partant comme un jeune levron, le laissa étendu, ayant affaire de quelqu'un pour le relever.

Daphnis delà en avant ne s'approcha plus de lui,
mais menait ses chèvres paître, tantôt en un
lieu, tantôt en un autre, le fuyant autant qu'il
cherchait Chloé. Gnathon même ne le poursui-
vait plus depuis qu'il l'eut reconnu non-seulement beau, mais fort et raide jeune garçon ; si
cherchait occasion propre pour en parler à Astyle, et se promettait que le jeune homme lui
en ferait don, ayant accoutumé de ne lui refu-
ser rien...

« ... Gnathon, que la beauté de Daphnis, tel
qu'il l'avait vu avec son troupeau, enflammait
de plus en plus, croyant ne pouvoir sans lui
avoir aise ni repos, profita d'un moment qu'Astyle se promenait seul au jardin, le mena dans
le temple de Bacchus, et là, se mit à lui baiser
les mains et les pieds.., « C'en est fait, dit-il,
« du pauvre Gnathon. Lui qui n'a été jusqu'ici
« amoureux que de bonne chère.... il ne trouve
« plus rien de beau et d'aimable que Daphnis seul
« au monde... Toi, mon maître, tu le peux, sauve
« la vie à ton Gnathon, et, te souvenant qu'A-
« mour n'a point de loi, prends pitié de son
« amour; autrement, je te jure mes grands dieux
« qu'après m'être bien empli le ventre, je prends
« mon couteau, je m'en vais devant la porte
« de Daphnis et là je me tuerai tout de bon, et
« tu n'auras plus à qui tu puisses dire : — Mon
« petit Gnathon, Gnathon mon ami.

« Le jeune homme de bonne nature ne put
souffrir de voir ainsi Gnathon pleurer, et de-
rechef lui baiser les mains et les pieds, même-

ment qu'il avait éprouvé que c'est de la détresse d'amour. Si lui promit qu'il demanderait
Daphnis à son père, et l'emmènerait comme pour
être son serviteur à la ville, où lui Gnathon
en pourrait faire tout ce qu'il voudrait ; puis
pour un peu le reconforter, lui demanda en
riant s'il n'aurait point de honte de baiser ainsi
un petit pâtre tel que ce fils de Lamon, et le
grand plaisir que ce lui serait d'avoir à ses côtés couché un gardeur de chèvres ; et en disant
cela, il faisait un fi! comme s'il eut senti
la mauvaise odeur des boucs. Mais Gnathon,
qui avait appris aux tables des voluptueux tant
qu'il se peut dire et conter de propos d'amour,
pensant avoir bien de quoi justifier sa passion,
lui répondit d'assez bon sens : « Celui qui aime,
« ô mon cher maître, ne se soucie point de
« tout cela ; ains n'y a chose au monde, pourvu
« que beauté s'y trouve, dont on ne puisse être
« épris... Quant à moi ce que j'aime est serf
« par le sort, mais noble par la beauté. Vois-tu
« comment sa chevelure semble la fleur d'hya-
« cinthe, comment au dessous des sourcils ses
« yeux étincellent ne plus ne moins qu'une
« pierre brillante, mise en œuvre ? comment
« ses joues sont colorées d'un vif incarnat, et
« cette bouche vermeille ornée de dents blan-
« ches comme ivoire ; quel est celui si insensible
« et si ennemi d'Amour qui n'en désirat un bai-
« ser ? J'ai mis mon amour en un pâtre ; mais
« en cela j'imite les Dieux.... Branchus paissait
« les chèvres, et Apollon l'aima ; Ganymède

« était berger et Jupiter le ravit pour en avoir
« son plaisir... » Astyle à ces mots se prit à
rire, disant qu'Amour, à ce qu'il voyait, faisait de grands orateurs, et depuis, cherchait
occasion d'en pouvoir parler à son père. Mais
Eudrome, ayant écouté en cachette tout leur de-
vis, et étant marri qu'une telle beauté fut aban-
donnée à cet ivrogne, outre ce que d'inclination
il voulait grand bien à Daphnis, alla aussitôt
tout conter et à lui-même et à Lamon. Daphnis en fut tout éperdu de prime-abord, délibé-
rant s'enfuir plutôt avec Chloé, ou bien ensemble mourir...

« Cependant Astyle trouvant son père à propos, lui demanda la permission d'emmener Daphnis à Mitylène, disant que c'était un trop gentil garçon pour le laisser aux champs et que
Gnathon l'aurait bientôt instruit au service de
la ville. Le père y consentit volontiers, et faisant appeler Lamon et Myrthale, leur dit pour
bonne nouvelle que Daphnis, au lieu de garder
les bêtes, servirait de là en avant son fils Astyle en la ville, et promit qu'il leur donnerait
deux autres bergers au lieu de lui... Lamon
demanda le congé de parler, ce qui lui étant
accordé, il parla en cette sorte: «...Je ne suis
« pas le père de Daphnis, ni n'a été ma femme
« Myrtale si heureuse que de porter un tel en-
« fant;... il est issu de bien plus haut état que le
« nôtre. Or, je ne suis point marri qu'il serve
« ton fils Astyle, et soit à beau et bon maître un
« beau et bon serviteur ; mais je ne puis du

« tout souffrir qu'on le livre à Gnathon pour en
« faire comme d'une femme... »

Le roman se termine, après diverses péripé-
ties par le mariage de Daphnis et Chloé, que
l'auteur décrit ainsi:

« ... Quand la nuit fut venue, tout le monde
les convoya jusqu'en leur chambre nuptiale, les
uns jouant de la flûte, les autres du flageolet,
et aucuns portant des fallots et des flambeaux
allumés devant eux ; puis, quand ils furent à
l'huis de la chambre, commencèrent à chanter
l'hymenée d'une voix rude et âpre...

« Cependant Daphnis et Chloé se couchèrent
nus dans le lit, là où ils s'entre-baisèrent et
s'entre-embrassèrent sans clore l'œil de toute la
nuit, non plus que chats-huants ; et fit alors
Daphnis ce que Lycenion lui avait appris : à
quoi Chloé connut bien que ce qu'ils faisaient
paravant dedans les bois et emmi les champs n'é-
tait que jeux de petits enfants. »

Voilà, chers bibliophiles, çomment c'est grâce
au charme du style inimitable d'Amyot, ce saint
évêque, grand aumônier de France, qu'est due
l'introduction et la vulgarisation dans notre
langue de ce ravissant petit roman grec avec
toutes ses nudités, ses libertés, et ses détails
naïfs qu'on pourrait appeler licencieux.

Paul-Louis Courier, dont le nom restera pour
toujours attaché, ainsi que celui d'Amyot, aux
Pastorales de Longus, a pu compléter, comme
on sait, le texte de l'auteur grec. Il écrivait de
Milan, le 16 octobre 1809, au savant M. Clavier:

« Je projette une fouille à l'abbaye de Florence,
« qui nous produira quelque chose..... Avec le
« *Chanton* de Dorville est un Longus que je
« crois entier;... mais, en vérité, il faut être sor-
« cier pour le lire. J'espère pourtant en venir à
« bout, *à grand renfort de bésicles*, comme
« dit maître François. C'est vraiment dommage
« que ce petit roman d'une si jolie invention,
« qui, traduit dans toutes les langues, plaît à
« toutes les nations, soit mutilé comme il l'est.
« Si je pouvais vous l'offrir complet, je croirais
« mes courses bien employées et mon nom assez
« recommandé aux Grecs présents et futurs. »
— Dès le 15 novembre suivant, il découvrait
en effet, dans la bibliothèque San-Lorenzo de
Florence, le fragment du texte grec de *Daphnis
et Chloé* qui manquait dans toutes les éditions
de cet ouvrage et dans tous les autres manuscrits. Il faisait en même temps, et par in-
advertance sur le Longus de la Bibliothèque de
Florence, le fameux pâté d'encre qui excita la
furie du signor Furia. — En février 1810, ayant
achevé la traduction des dix pages du premier
livre qui formaient la lacune, il intercala ce
fragment dans une édition remaniée et retou-
chée par lui de la version d'Amyot, fit imprimer le tout à Florence chez Piasti, et tirer à
soixante exemplaires seulement, in-8. En tête
il mit cette note : « Le roman de Longus n'a
« pas encore paru complet dans aucune lan-
« gue. On a conservé ici l'ancienne traduction
« d'Amyot, tout ce qui est conforme au texte, et

« pour le reste, on a suivi le manuscrit grec
« de l'*Abbaye*, qui contient l'ouvrage entier. »
— Le 3 mars 1810, il écrivait de Florence à
Boissonade en lui envoyant un des exemplaires de son travail : « Monsieur, on vous remettra
une brochure avec ce billet : Vous verrez d'a-
bord ce que c'est. La trouvaille est assurément
jolie... Ne dites pas un mot, je vous prie, de
tout cela dans vos journaux. Ce n'est ici qu'une
ébauche qui peut-être ne mérite pas d'être ter-
minée, mais bonne ou mauvaise, elle n'est pas
publique ; car de soixante exemplaires, il n'y
en aura guère que vingt de distribués. C'est
une pièce de société qu'il n'est pas permis de
siffler. Une grande dame (1), de par le monde,
qui est maintenant à Paris, pour le mariage
de son frère, me fit dire, étant ici, qu'elle en
accepterait la dédicace : je m'en suis excusé sur
l'indécence du sujet. M. Renouard pourra vous
conter cela, il était présent quand on me fit
cette flatteuse invitation.» Le même jour, Paul
Louis Courier envoyait un autre exemplaire de
son *Daphnis et Chloé* à la princesse de Salm-
Dyck, et lui écrivait en même temps : « Madame, vous recevrez avec ce billet une brochure
où il y a quelques pages de ma façon, façon du
traducteur s'entend. C'est un roman (comme
Oronte dit : *c'est un sonnet*) non pas nouveau,
mais au contraire fort antique et vénérable.

(1) La princesse Elisa, sœur de Napoléon.

J'en ai déterré par hasard un morceau qui s'était perdu: C'est là ce que j'ai traduit, et par occasion. J'ai corrigé la vieille version, qui comme vous verrez,

Dans son vieux style encore a des grâces nouvelles.

« Si cela vous amuse, ne faites aucun scrupule, pour quelques traits un peu naïfs, d'en continuer la lecture. Amyot, évêque, et l'un des pères du Concile de Trente, est le véritable auteur de cette traduction que j'ai seulement complétée: Vous ne sauriez pécher en lisant ce qu'il a écrit. »

Dix jours plus tard, le 13 mars 1810, Courier écrivait de Florence à Madame Clavier la lettre suivante :

« Lisez Daphnis et Chloé, Madame; c'est la meilleure pastorale qu'ait jamais écrite un évêque. Messire Jacques (Amyot) la traduisit, ne pouvant mieux, pour les fidèles de son diocèse; mais le bonhomme eut dans ce travail d'étranges distractions, que j'attribue au sujet et à quelques détails d'une naïveté rare.

« Pour moi, on m'accuse, comme vous savez, de m'occuper des mots plus que des choses; mais je vous assure qu'en cherchant des mots pour ces deux petits drôles, j'ai très-souvent pensé aux choses. Passez-moi cette *turlupinade*, comme dit Madame de Sévigné, et ne doutez jamais de mon profond respect.

« Il y a bien plus à vous dire. Amyot fut un des

pères du Concile de Trente ; tout ce qu'il a
écrit est article de foi. Faites à présent des fa-
çons pour lire son Longus. En vérité, il n'y a
point de meilleure lecture. C'est un livre à mettre entre les mains de mesdemoiselles vos filles,
tout de suite après le catéchisme. »

Le 16 mai de la même année, il écrivait de
Tivoli à Madame de Humboldt à Rome :

« Madame, ne sachant si j'aurai le plaisir de
vous voir avant votre départ, je vous supplie
de vouloir bien emporter à Vienne un petit volume qui vous sera remis avec ma lettre. C'est
une vieille traduction d'un vieil auteur en vieux
français, que j'ai complétée de quelques pages
et réimprimée, non pour le public, mais pour
mes amis amateurs de ces éruditions, et, sans
balancer, j'en ai destiné le premier exemplaire
à M. de Humboldt. J'ai cacheté le paquet, cet
ouvrage *n'étant pas de nature à être lu de
tout le monde.* Il n'y a rien contre l'Etat, pas
le moindre mot que l'Eglise puisse taxer d'hé-
résie ; mais *une mère pourrait n'être pas bien
aise que ce livre tombât* entre les mains de sa
fille, quoique l'auteur grec, dans sa préface, déclare avoir le dessein d'instruire les jeunes demoiselles, apparemment pour épargner cette
peine aux maris... »

Courier, répondant de Rome le 30 janvier 1811
à une lettre de Madame Pigalle, sa cousine,
écrivait à cette dame :

« Ce que vous dites pour justifier vos éter-
nelles grossesses prouve seulement que vous en

avez honte. Si ce sont là toutes vos raisons, franchement elles ne valent rien, car enfin qui diantre vous pousse?... et puis ne pourriez-vous pas?... Allons, cousine, n'en parlons plus ; ce qui est fait est fait. Je vous pardonne vos cinq enfants, mais, pour Dieu, tenez-vous en là, et soyez d'une taille raisonnable quand nous nous verrons à Paris... C'était à quinze ans qu'il fallait lire Daphnis et Chloé. Que ne vous connaissais-je alors ! mes lumières se joignant à votre pénétration naturelle, ce livre aurait eu, je crois, peu d'endroits obscurs pour vous ; mais après cinq enfants faits, que peut vous apprendre un pareil ouvrage ? Aussi l'exemplaire que je vous destine, c'est pour l'éducation de vos filles. En vérité, il n'y a point de meilleure lecture pour les jeunes demoiselles qui ne veulent pas être, en se mariant, de grandes ignorantes, et je m'attends qu'on en fera quelque jolie édition à l'usage des élèves de Madame Campan. »

Toutes les lettres que nous citons et dont le style est si léger et si badin, ont été imprimées bien des fois et se trouvent notamment dans une édition des œuvres de P. L. Courier donnée en 1862 par Firmin Didot, édition tirée à un nombre considérable d'exemplaires. Quant à l'édition populaire et à bon marché de *Daphnis et Chloé* dans la *Bibliothèque Nationale*, voici ce qu'on y trouve (Lettre à M. Renouard, pp. 152 et 153) sur le passage découvert et traduit par Courier. Rappelons d'abord que, dans ce passage où l'auteur nous montre Daphnis très-épris de

Chloé, il est dit que Dorcon était le rival de
Daphnis: « Dorcon ... jeune gars à qui le premier poil commençait à poindre (porte la traduction de Courier), étant jà dès cette rencontre féru de l'amour de Chloé, se passionnait
de jour en jour plus vivement pour elle ; et,
tenant peu de compte de Daphnis, qui lui semblait un enfant, fit dessein de tout tenter, ou
par présents ou par ruse, ou à l'aventure ou
par force, pour avoir contentement, instruit qu'il
était, lui, du nom et aussi des œuvres d'amour...»
— Or, dans sa lettre à M. Renouard, Paul-Louis
Courier écrit : « On me mande de Florence que
« cette pauvre traduction dont vous avez appris
« l'existence au public, vient d'être saisie chez
« le libraire, qu'on cherche le traducteur, et
« qu'en attendant qu'il se trouve, on lui fait tou-
« jours son procès. On parle de poursuite, d'in-
« formation, de témoins (il s'agissait de la fa-
« meuse tache d'encre)..... Je fais cependant
« quelquefois une réflexion qui me rassure un
« peu : Colomb découvrit l'Amérique et on ne
« le mit qu'au cachot; Galilée trouva le vrai
« système du monde, il en fut quitte pour la
« prison. Moi, j'ai trouvé cinq ou six pages dans
« lesquelles il s'agit de savoir *qui baisera Chloé;*
« me fera-t-on pis qu'à eux? Je devrais être
« tout au plus *blâmé par la Cour.* Mais la
« peine n'est pas toujours proportionnée au dé-
« lit, et c'est là ce qui m'inquiète ! »
Paul-Louis Courier, dans une lettre à Madame
Marchand, écrite de Rome le 12 novembre 1811,

disait à propos de Daphnis et Chloé et de la dé- .
dicace de sa traduction :

«... A table, chez le préfet de Florence (c'é-
« tait dans le temps que je venais de trouver
« un morceau de grec), on parlait de ce roman
« que j'allais traduire et que Renouard devait
« imprimer, lequel Renouard était là, à table
« avec nous; le préfet me dit : Il faut dédier
« cela à la princesse (*Elisa Bacciocchi*, *sœur*
« *de Napoléon*); elle acceptera votre dédicace.
« Ce furent ses propres mots; vous savez que
« j'ai bonne mémoire. Je réponds : cela ne se
« peut, à une femme! *Il y a dans le livre des*
« *choses trop libres!* — Mais, dit Renouard, ces
« choses-là se réduisent à quelques lignes qu'on
« pourrait adoucir de manière à rendre l'ou-
« vrage présentable. Je ne répondis rien, et il
« n'en fut plus question... »

Eh! bien, c'est ce livre, ce roman de *Daphnis
et Chloé*, dont Paul-Louis Courier, qui l'a
complété et traduit, signale lui-même l'indécence (voir Lettre à M. Boissonnade), qui d'a-
près lui, n'est pas de nature à être lu de tout
le monde (Lettre à Mme de Humboldt), et où il
avoue qu'il y a des choses trop libres (Lettre à
Mme Marchand), c'est ce livre qu'on a mis récemment à la portée de tout le monde, des jeunes filles elles-mêmes (comme disait Courier en
plaisantant, mais sans y croire), et qu'on trouve
aujourd'hui exposé à l'étalage intérieur de tous
les libraires, imprimé dans une édition populaire du prix de 25 centimes! Le ministère pu-

blic ne l'a pas poursuivi sous cette forme nouvelle, et en vérité, il ne pouvait pas raisonna-
blement le poursuivre, car cet ouvrage, ainsi
que la *Lettre à M. Renouard*, est devenue une
partie intégrante et indestructible de notre littérature.

G.....N

Traité des superstitions, selon l'écriture sainte, les décrets des conciles et les sentiments des Saints-pères et des théologiens; *par J.-Bapt. Thiers, curé de Champrond.* Paris, Ant. Dezallier, 1679, in-12 de 12 ff. et 154 pp.

Préface de 7 pp., suivie d'un privilège du roi
et de 4 approbations de docteurs en théologie.
— L'ouvrage lui-même est divisé en 37 chapitres, dont les sommaires sont un peu longs.
L'auteur, tout en condamnant sévèrement toute
croyance aux effets surnaturels, les admet cependant sans aucune contestation lorsque ces
effets surnaturels sont annoncés ou proclamés
par l'église, tels que les miracles, les prophé-
ties, les anathèmes, les bénédictions, etc. ; autrement, il les considère comme un pacte exprès ou un pacte tacite avec le démon. — Dans

ses chapitres sur la magie et sur les sorciers, il se montre plein de préjugés qui paraissent bien arriérés quand on songe à la réputation du siècle de Louis XIV. Parmi toutes les superstitions et les pratiques de piété qu'il raconte, il en est quelquefois d'originales. Nous nous bornerons à reproduire ici le texte de deux prières campagnardes de son temps, prières oubliées aujourd'hui et remplacées, dans ce siècle du progrès, par bien d'autres plus mirobolantes.

« La *Patenostre blanche* est une prière ridicule dont les zélateurs, qui sont en assez grand nombre, et surtout à la campagne, promettent infailliblement le Paradis à ceux qui la disent tous les jours. Voicy ce qu'elle porte : *Petite Patenostre blanche que Dieu fit, que Dieu dit, que Dieu mit en paradis. Au soir m'allant coucher, je trouvis trois anges à mon lit couchez, un aux pieds, deux au chevet, la bonne Vierge Marie au milieu, qui me dit que je m'y couchis, que rien ne doutis; le bon Dieu est mon père, la bonne Vierge est ma mère, les trois Apostres sont mes frères, les trois Vierges sont mes sœurs. La chemise où Dieu fut né, mon corps en est enveloppé; la Croix sainte Marguerite, à ma poitrine est écrite; Madame s'en va sur les champs à Dieu pleurant, rencontrit Monsieur S. Jean. Monsieur S. Jean d'où venez-vous ? Je viens d'Ave salus. Vous n'avez point veu le bon Dieu ? Si dame siez, il est dans l'arbre de la croix, les pieds pendants, les mains clouants, un petit chapeau d'espine blanche sur la teste. Qui la dira trois fois au soir, trois fois au matin, gagnera le Paradis à la fin.*

« On en peut dire autant de cette autre prière qu'on nomme ordinairement la barbe à Dieu, et dont voicy les paroles : *Pécheurs et pécheresses, venez à moy parler, le cœur me deust bien trembler au ventre comme fait la feuille au tremble, comme fait la Loisonni quand elle voit qu'il faut venir sur une petite planche, qui n'est plus grosse ni plus membre, que trois cheveux de femme grosse ensemble. Ceux qui la Barbe à Dieu sçairont, par dessus la planche passeront, et ceux qui ne la sçairont, au bout de la planche s'assiseront, criront, brairont Mon Dieu, hèla! malheureux estat, comme petit enfant est que la Barbe à Dieu n'apprend.*

« Un seul Dieu tu adoreras, etc. »

Thiers, né vers 1636, à Chartres, était un savant professeur à l'Université de Paris, et un grand travailleur qui publia beaucoup d'ouvrages, aujourd'hui oubliés, mais regardés alors comme curieux, singuliers et pleins d'érudition. A son *Traité des superstitions*, qui a été plusieurs fois réimprimé, il ajouta, en 1703, trois nouveaux volumes. Cet ouvrage est toujours assez recherché, et quelques autres se soutiennent aussi dans les ventes, à cause de leurs titres, plus ou moins piquants et des condamnations qu'ils ont encourues. On en trouve la liste détaillée dans le *Manuel du libraire*, V, 819.

Le Tracas de Paris, en vers burlesques, contenant: *La Foire Saint-Laurent*, *etc.* Troyes et Paris, veuve Oudot (1714), petit in-12 de 95 pp.

La dédicace de ce volume très-rare est adressée à M. de Lingendes, et elle est signée simplement COLLETET. Quel est ce Colletet? Est-ce Guillaume Colletet, qui était mort en 1659, ou bien est-ce son fils François Colletet, qui était né en 1628, et dont la date de la mort n'est pas bien connue? — Quel est le Lingendes auquel il s'adresse et qu'il cherche à consoler de la perte de deux excellents hommes connus dans la république des lettres par leur mérite et leur vertu? Jean de Lingendes, le poëte, était mort en 1616, et Claude de Lingendes, le savant jésuite, en avril 1660. Or, si ce sont ces deux hommes, comme Guillaume Colletet est mort lui-même en 1659, ce ne pourrait être que son fils qui ait écrit la dédicace en question, son fils François, dont le satirique Boileau, qui ne flattait que Louis XIV et tous les gens en faveur, a parlé ainsi (satire 1re, en 1660) :

> Tandis que Colletet, crotté jusqu'à l'échine,
> S'en va chercher son pain de cuisine en cuisine.

Il ajoute, dans le quatrième chant de l'*Art poétique*, le trait suivant :

> Horace a bu son soûl quand il voit les ménades,
> Et, libre du Souci qui trouble Colletet,
> N'attend pas, pour dîner, le succès d'un sonnet.

Pourquoi Boileau en voulait-il donc tant à François Colletet? Ne serait-ce pas, peut-être, parce que Guillaume Colletet, ayant fait le premier, en français, l' *Art poétique* (paru en 1658; celui de Boileau n'a été publié qu'en 1674), ouvrage qui est estimé des connaisseurs même encore aujourd'hui, François Colletet se sera exprimé quelque part en termes un peu irrévérencieux sur le sien?

Quoiqu'il en soit, François Colletet était un travailleur.

Nous avons recherché quels sont les ouvrages qui peuvent lui être attribués et nous avons trouvé les suivants:

1º *Pièces bachiques, amoureuses et burlesques*, ouvrage introuvable aujourd'hui, qui lui est attribué par le *Dictionnaire historique de Peignot*, mais sans date.

2º *L'Ecole des muses*, etc. Paris, Chamhoudry, 1652 selon le *Manuel*, ou 1656 selon Peignot, in-12. Rarissime.

3º *Juvénal burlesque*, 1657. Voir le *Manuel* au mot JUVÉNAL.

4º *Les Muses illustres*. Paris, Chamhoudry, 1658, in-12.

5º *La Muse coquette*. Paris, Loyson, 1659, 4 part. in-12.

6º *Nouveau recueil des plus beaux énigmes*. Paris, Loyson, 1659, in-12.

7º *Noëls nouveaux et cantiques*, etc. Paris, Rafflé, 1660, in-8. (Le *Manuel* en cite 5 ou 6 éditions, portant des titres différents.)

8° *Traité des langues étrangères, des alphabets et des chiffres.* Paris, 1660, in-4°.

9° *Parnasse françois.* Paris, de Sercy, 1660. Le *Manuel* pense que ce volume est une reproduction de l'*Ecole des muses.*

10° *Abrégé des antiquités de la ville de Paris.* Paris, 1664, in-12.

11° *Abrégé des annales de Paris*, 1664, in-12.

12° *Nouveau recueil.* Paris, Rafflé, 1672, in-8. Le *Manuel* suppose que c'est le même ouvrage que les *Noëls nouveaux.*

13° *Poésies galantes, amoureuses et coquettes.* Paris, Loyson, 1673, in-12.

14° *Le Mercure guerrier, contenant les victoires du roi, etc.* (en vers et en prose). Paris, Loyson, 1674, in-12.

15° *Journal des avis et des affaires de Paris, contenant ce qui s'y passe tous les jours de plus considérable.* Paris, au bureau des journaux, etc., 1676, in-4°. — Ce journal, arrêté à son 18e numéro sur les plaintes de la *Gazette* et du *Mercure* qui trouvaient que l'on empiétait sur leurs priviléges, reparut sous le titre: *Bureau académique des honnêtes délassements de l'esprit, etc.*, avec la *bibliographie de Paris*, 1677, in-4° (Voir E. Hatin).

16° *La Ville de Paris, contenant le nom des rues, faux-bourgs, églises, monastères, collèges, palais, hôtels, etc.* Paris, Rafflé, 1689, in-12 (vendu Walckenaer, 19 fr.).

Plus, 17° *Le Tracas de Paris*, sans date (1714), livre rare et dont nous ne trouvons de trace

que dans le catalogue de Viollet-Leduc, p. 551,
et dans la réimpression faite par Delahays de
plusieurs poëmes réunis sous le titre de *Paris
ridicule et burlesque*.

Quant au *Tracas de Paris*, à quelle date con-
vient-il d'en placer la première édition (car celle
de 1714 n'est, aux termes de l'*Approbation* signée *Passart*, qu'une réimpression)? Non loin
de celle du *Juvénal burlesque*, et aussi après
la mort de Claude de Lingendes, et celle de
Loret, le rédacteur de la *Gazette* en vers, dont
Colletet parle vers la fin de son poëme, ce qui
reporte à la date de 1665 ou 1666.

Maintenant, que dire du poëme en lui-même?
il est trop raisonnable, trop chaste, pas assez
burlesque, pas assez piquant. Il est malheureux
qu'il faille pour nous plaire, agiter des grelots
comme celui qui disait: « En faveur de la folie, faites grâce à la raison. ». — Hélas ! cher
François Colletet, sans la gaîté, il faut beaucoup d'esprit pour captiver l'attention des hommes et... nous ne nous étonnons pas que votre
poëme ait disparu peu à peu presque complètement devant, non la poursuite des inquisiteurs,
mais l'indifférence du public.

En somme, il nous semble que, sur les 95
pages du volume, si l'on recherche ce qu'il y a
de plus original afin de le sauver de l'oubli, on
ne trouvera guère plus d'une douzaine de pages.
Enfin, voici nos analectes:

Une servante dont une larronneuse a volé le paquet et qu'elle fait attendre à une porte.

Mais pourquoi pleure cette fille
Qui nous paroît assez gentille?
Qu'as-tu, mon enfant, à pleurer,
Et pourquoi te désespérer?
Quelqu'un t'a-t-il coupé ta bourse?
Ce malheur n'a point de ressource;
Il est coutumier à Paris
Aux gens d'un étrange pays.
A voir ta mine un peu matoise,
Je te crois une Champenoise?

Vous l'avez deviné, Monsieur,
Mais non pas mon triste malheur:
Hier, quelque argent dans ma poche,
Ici j'arrivai par le coche,
Et dès qu'en ce quartier je fus
Avec mes deux paquets cousus
Où j'avois mis toutes mes hardes,
Je trouvai deux grandes pendardes
Que je crus des femmes de bien,
Qui me firent cet entretien:
Eh! bonjour, fille de Champagne,
Vous venez donc de la campagne?
Mon enfant, qu'il y a longtemps
Que je connois tous vos parens!
Comment se porte votre père?
En quel état est votre mère?
Vous ne me reconnoissez pas?
Non, lui répondis-je tout bas.
Las! je le crois bien, me dit-elle,
Qu'elle est à présent grande et belle!
Elle a crû d'un grand pied depuis
Qu'en son village je la vis.
Ma pauvre enfant, que je suis aise;
Encor faut-il que je te baise.

J'ai pour toi trop de compassion :
Tu veux une condition ?
Je te ferai faire fortune ;
J'en sais depuis quatre jours une
Que le ciel, sans doute, par moi,
A, je pense, gardé pour toi.
C'est une maison d'importance ;
Un riche trésorier de France,
Où les pistoles à foison
Traînent partout dans la maison.
Si tu sais faire la cuisine,
A cause de ta bonne mine,
Tu gagneras peut-être plus
De vingt-cinq et de trente écus,
Sans les profits, et sans la graisse,
Où tout le monde fait la presse,
Les cendres et les vieux souliers,
Les vieux torchons et tabliers,
Les restes de pain et de viande,
Quelquefois encore friande,
Que l'on revend fort bien et beau
Au balayeur, au porteur d'eau.
Item, les restes de chandelles :
On fait argent de tout, ma belle,
Et puis l'on tire un gros denier
Encor de l'anse du panier.
Bien souvent à la boucherie
On voit le boucher qui vous prie
De venir acheter à lui,
Et c'est la coutume aujourd'hui
Que pour avoir ta chalandise,
Il n'aura pas l'humeur si grise,
Qu'il ne te laisse en son étau
Prendre quelque morceau de veau
De mouton, de bœuf, que tu donnes,
Si tu veux, à quelques personnes
Qu'aux environs tu connoîtras,
Ou tes parents que tu verras.

Ce fut là le subtil langage
Que me tint cette femme d'âge,
Qui m'offrit dans sa chambre un lit,
Parce qu'il étoit déjà nuit.
Je ne puis dire les caresses,
Les amitiés et les tendresses
Que la friponne me montra
Depuis qu'elle me rencontra.
Le soir nous fîmes bonne chère,
Qui pourtant ne lui coûta guère,
Car tout fut pris à mes dépens.
Il y vint encor d'autres gens,
Et pourtant, le pourriez-vous croire ?
C'étoit moi qui payois à boire ;
Car ils disoient, le lendemain,
Qu'ils me le rendroient pour certain.
Cependant, hélas ! ma maraude,
Vient de me rendre bien penaude.
Sachez, Monsieur, qu'au point du jour,
Après m'avoir bien fait la cour,
Elle m'a dit : Ma bonne amie,
Prenez vos hardes, je vous prie,
Et vous en venez avec moi
Tout proche la maison du roi,
Qu'on appelle autrement le Louvre,
Où l'on me connoît, où l'on m'ouvre.
Je vous placerai sans prier
Chez notre riche trésorier.
C'est dans ce grand logis qu'il loge.
Paix ! écoutez : j'entends l'horloge ;
C'est sept heures, il est bon là.
Sur cette pierre que voilà
Auprès cette petite porte,
Attendez-moi, mais que je sorte :
Je ne ferai qu'aller savoir
Si Madame est dans le dortoir.
Au pis aller, si je lui parle
Par le moyen de maître Charle,

Son cocher, mon meilleur ami,
Faut ne rien tenter à demi :
Comme je ne suis pas bien faite,
Que ma jupe est toute défaite,
Et que la vôtre de couleur
Me feroit un peu plus d'honneur,
Donnez-la-moi, prenez la mienne
Jusques à tant que je revienne.
Laissez-moi prendre vos paquets,
Sans perdre de temps en caquets.
Car si Madame me demande
Si vous êtes et belle et grande,
Si vous avez de bons habits,
Savoir un noir et l'autre gris,
De beau linge et de belles manches
Pour les fêtes et les dimanches,
Afin de la suivre en tout lieu,
En visite ou pour prier Dieu,
Je lui ferai voir sans remise
Comme vous êtes fort bien mise :
Et suivant cela, vous verrez
Qu'aussitôt vous la servirez.

Moi, dans mon cœur étant bien aise,
Ah ! mon Dieu, que j'étois niaise,
J'ai fait, Monsieur, tout bonnement
Selon son beau commandement.
J'ai dépouillé pour cette dupe
Ma première et seconde jupe ;
J'ai mis mes hardes dans ses mains.
Pour près de cent francs que je plains !
Depuis trois heures je furonne,
Mais je ne trouve ici personne ;
J'ai beau chercher et beau crier,
Je n'apprends rien du trésorier.
Chacun se rit de ma bêtise,
L'on m'assure que je suis prise,
Et que telles gens tous les jours

Font à tous de semblables tours ;
Que cette porte en belle vue
N'aboutit que dans une rue,
Et que je n'ai pas de raison
De l'appeler une maison,
Puisque jamais ce n'en fut une,
Mais bien une porte commune,
Qui renferme un détour entier
Pour traverser l'autre quartier.
Cependant, hélas ! que ferai-je ?
Et de quel côté tournerai-je ?
Ce qui fait mon plus grand souci,
Je ne connois personne ici,
Et voilà la plus grande perte
Que j'aie au monde encor soufferte.
On me l'avoit dit au pays,
Qu'on étoit méchant à Paris ;
Mais par moi je désirois voir,
Et je ne le voulois pas croire ;
Car d'autres gens de grand renom
M'assuroient qu'il y faisoit bon,
Et que le peuple étoit honnête
Depuis les pieds jusqu'à la tête.
Mais à présent, je connois bien
En vérité, qu'il n'en est rien.....

Les promenades du Pont-Neuf, les entretiens du soir, et les aventures qui s'y passent.

En vérité, ce clair de lune
Contribue à notre fortune.
Voilà l'heure que le bourgeois
Et le plumet à belle voix,
Mène bourgeoise ou demoiselle
A la promenade assez belle,
Et triomphe en habit tout neuf
Sur les vastes quais du Pont-Neuf.

Quoiqu'il soit entre dix et onze,
Donnons vers le cheval de bronze :
Tu verras là mille beautés
Et leurs amans à leurs côtés,
Qui parlent de leurs amourettes
Et se content mille fleurettes.
En voilà dans leurs passions
Qui font cent protestations.
Marchons derrière ces folâtres.
De ces deux filles idolâtres ;
Ecoutons les sots entretiens,
Et peut-être en riras-tu bien.
Celui-là dit à cette brune
Que sa beauté n'est pas commune,
Qu'il brûle pour elle d'amour,
Qu'elle est la nuit, comme le jour,
L'unique objet dont sa pensée
Est agréablement blessée ;
Qu'il s'en va courir au cercueil
S'il n'est vu d'elle de bon œil ;
Que pour célébrer ses louanges,
Il faudroit la bouche des Anges ;
Mais qu'il n'ose espérer l'honneur
De toucher tant soit peu son cœur ;
Qu'au reste il est amant fidèle,
Qu'après lui, faut tirer l'échelle,
Et qu'il veut que cette beauté
Eprouve sa fidélité.
Nanon, dit-il, ma seule joie,
Où voulez-vous que je m'emploie ?
Faut-il, pour vous, par monts, par vaux,
Entreprendre quelques travaux ?
Faut-il endurer des supplices,
Ou franchir quelques précipices ?
Commandez-moi, si vous m'aimez,
C'est vous seule qui me charmez.
Tout ce que je vois dans les dames
N'égale point vos moindres flammes

Et partout où vous n'êtes pas
Je n'y rencontre aucun appas.
L'autre qui va pressant la blonde
Lui dit : Vous êtes sans seconde ;
Mon Dieu, que je serois heureux
D'avoir un peu de ces cheveux,
De ces belles et riches chaînes
Qui font mes plaisirs et mes peines.
Quand aurai-je l'honneur chez vous
D'embrasser vos charmans genoux ?
Je n'ose espérer cette grâce,
Vous n'êtes peut-être que glace,
Pendant que je suis plein de feux
Et que pour vous je fais des vœux.....

L'afféterie
et le luxe de la bourgeoise commune

Mais considère un peu ces autres
Qui ne sont pas meilleurs apôtres
Qui portent la brette au côté
Avec un air de vanité.
Ceux-là reçoivent des caresses
De leurs coquettes de maîtresses,
Qui marchent en château branlant
Et crèvent de rire en parlant.
Diroit-on pas que ces flouettes
Ont des têtes de girouettes ?
Tu vois qu'elles font à dessein
Une boutique de leur sein,
Afin de donner dans la vue
Et faire voir leur cou de grue.
Ne regarde pas leur tétin,
Mais considère leur patin
Qui d'un demi-pied les élève.
En vérité, cela me grève,
Cette contrainte me déplaît.

Que ne se tient-on comme on est ?
Auroient-elles moins de mérites
Pour paraître à nos yeux petites ?
Je ne puis souffrir ces rubans
Et ces boutiques de galans
Qu'elles portent dessus leurs jupes ;
Car c'est ce qui fait tant de dupes.
Pourquoi ces passemens nouveaux
Qui ressemblent à des réseaux,
Ces boutons à queue, et guipures,
Qui perdent tant de créatures,
Et ces mouchoirs de cent écus
Qui font tant de maris cocus ?
Il est honteux dans notre France
D'en voir une telle abondance.
Il semble que l'on fait mépris
Et des arrêts et des édits.
C'est à la cour, quoi qu'on en die,
Qu'appartient cette braverie,
Pourquoi faut-il que les bourgeois
Violent les ordres de nos rois ?
On ne distingue plus nos dames
D'avecque le commun des femmes.
Dès qu'une personne d'honneur
Prend quelque jupe de couleur,
Ou dès qu'elle change de mode,
Enfin dès qu'elle s'accommode
Dedans un habit éclatant,
Une bourgeoise en fait autant.
Elle s'ornera de panaches
Et s'appliquera des moustaches,
Des postiches, des faux cheveux,
Des tours, des tresses et des nœuds,
Des coeffes demi blanches, jaunes
Où les toiles entrent par aunes,
De ces beaux taffetas rayés
Qui parfois ne sont pas payés ;
Car souvent tant de braverie

Cache beaucoup de gueuserie.
Tu t'étonnes de mes discours ?
Je vois ces choses tous les jours;
Et je sais comme on se gouverne
Parmi ce monde que je berne.
Regarde un peu derrière toi ;
Ne croirois-tu pas comme moi
Que, cette femme avec son lustre
Fût épouse de quelque illustre ?
C'est la femme d'un pâtissier ;
Cette autre l'est d'un épicier :
Celle qui passe est boulangère,
Sa compagne est une mercière
Qui tient sa boutique au Palais.
Leurs maris sont-ils pas niais
Et de leurs femmes bien esclaves,
De souffrir qu'elles soient si braves ?
Comment faudra-t-il habiller
Une femme de conseiller ?
Et comment une présidente ?
Puisqu'une moindre mercadante,
Ou la femme d'un procureur
A plus que ces femmes d'honneur.
Fi ! fi ! mon cher ami, j'enrage
Quand je vois ce mauvais ménage.
Les familles pleines de bien
Ne doivent pas s'épargner rien ;
Il faut que la belle dépense
Soit pour les femmes de naissance,
Le bourgeois à proportion
Et selon sa condition.
Car enfin il est ridicule,
Jamais rien je ne dissimule,
Qu'une fille qu'on mariera,
Qui fille de marchand sera,
Et parfois marchand sans négoces,
Voudra que le jour de ses noces,
Son pauvre père, sans pouvoir,

L'habille d'un riche habit noir,
Ou de moire, ou de ferandine,
Et désirera, la badine,
Toute excuse et raison à part,
D'avoir la jupe de brocart.
Eh quoi! dira-t-elle, éplorée,
Madame telle, mariée,
Qui plus de bien que moi n'a pas,
A bien pris de plus hauts états.
Que diroit-on de moi, mon père?
Là-dessus, et parens et mère
Tirent de lui, bon gré, malgré,
De quoi l'habiller à son gré,
Et le mari tout fou encore,
Qui, nouveau marié, l'adore,
Souffre ce grand vol qu'elle prend
Dont à loisir il se repent.....

Un voisin à qui une voisine donne rendez-vous pour passer la nuit avec elle.

Ici l'on ne trouve personne.
Voilà déjà minuit qui sonne;
Nous n'avons plus rien à chercher,
Car le monde s'en va coucher.
Toutefois, par ce clair de lune,
Il faut encor busquer fortune.
Tout s'accorde à notre désir,
Tu t'en vas avoir du plaisir:
Prenons un peu de patience,
Que pas un de nous deux n'avance.
Ecoute ce coup de sifflet,
Cet homme sait bien ce qu'il fait.
Déjà je vois d'ici paroître
Une maîtresse à la fenêtre,
Qui crache, tousse avec éclat,
Jette son pot plein de pissat,

Pour voir si nul ne la regarde,
D'autant que beaucoup il leur tarde
Qu'ils ne soient ensemble tous deux
Pour jouer leurs beaux petits jeux.
As-tu vu de la même porte
Sortir un grand homme qui porte
Une lanterne dans sa main ?
Je ne juge jamais en vain :
Je le crois mari de la femme
Que cet autre inquiété réclame,
Et qui lui donne le signal
Pour faire avec elle du mal.
Ce pauvre époux, qui n'aime qu'elle,
Croit son épouse bien fidèle,
Quoiqu'il soit un petit grossier,
Et comme il est officier, ·
D'une grande maison voisine,
Il s'en retourne à la cuisine
Après avoir dans sa maison
Porté quelque provision.
Cependant la jeune folâtre,
De son beau galant idolâtre,
En l'absence de son époux
Lui donne quelque rendez-vous.
Vois-tu comme il passe et repasse ?
Les plaisans tours de passe-passe !
Sitôt qu'il aperçoit quelqu'un
Pour son dessein trop importun,
Toujours tremblant il se retire
Et n'ose ni tousser ni rire.
Pour l'autre, impatiente aussi,
Tantôt la voilà, la voici ;
Elle se retire ou s'avance
Suivant la crainte ou l'espérance,
Et voudroit, pour faire un péché,
Que tout le monde fût couché.
Dés qu'elle voit une chandelle,
Je pense qu'elle est tout hors d'elle,

Dans la crainte que son mari
Ne coupe l'herbe au favori.
Enfin, l'on n'entend plus personne,
Partout l'horloge une heure sonne ;
Le galant revient sur ses pas,
Ils se parlent tous deux tout bas ;
Elle descend, la porte s'ouvre,
Et dans son manteau qui le couvre
Il entre sans faire de bruit
Pour y passer toute la nuit.....

La maison du roi,
pour les tapisseries et manufactures.

. . . .

Enfin, voici les Gobelins,
Où règnent les excellens vins
Et les bières délicieuses
Pour les buveurs et les buveuses ;
Car il est des femmes aussi
Qui viennent s'égayer ici.
Regarde que de lieux à boire,
Et comme un chacun se fait gloire
De s'enivrer gaillardement,
Et de se soûler proprement.
Ici sont petits corps de garde
Pour y rire avec la gaillarde ;
Là sont les petits lieux d'honneur
Où vont tous les bourgeois buveurs ;
Les cabarets d'où l'on ne bouge,
C'est celui de la Rose rouge,
Du Lion d'or, du Mouton blanc,
Du Dauphin, où le vin est franc,
Du Juste, où Flamands et Flamandes,
Allemands avec Allemandes ,
Et plusieurs autres étrangers
S'embarquent sans aucuns dangers.

Ici l'on trouve toutes choses,
Et tout y flaire comme roses,
Les andouilles, les cervelas,
Les poulets et les chapons gras,
Les grillades et les saucisses,
Dont le palais craint les épices :
Car mettant le palais en feu,
On ne sauroit boire pour peu.
Mais, sans raisonner davantage,
Pour terminer notre voyage,
Allons, ami, nous reposer
Dans ce cabaret, et causer.
Je n'en puis plus de lassitude,
Et suis même en inquiétude
De te voir aussi las que moi,
Nous avons bien marché, ma foi,
Et l'on causera dans le monde
De notre course vagabonde.
Quand nous nous serons divertis,
Quand d'ici nous serons sortis,
Tous deux nous irons dans la couche
Fermer et les yeux et la bouche ;
Et si je vais à mon réveil
Qu'il fasse encore beau soleil,
Le beau temps me fera peut-être
Une seconde fois renaître
Le désir de te faire voir
Cent choses que tu dois savoir.
Et puis tu vois que notre course
N'a point intéressé ta bourse ;
J'ai commencé de payer tout;
Et je veux aller jusqu'au bout
C'est ainsi qu'un ami doit faire
Alors qu'il a le nécessaire.
Si demain nous courons le jour,
Tu pourras payer à ton tour.
Cependant buvons, je te prie :
Ce vin me donne de la vie,

Et depuis que j'en ai goûté
Je suis en meilleure santé.
Cependant, afin de mieux boire
Et de mieux branler la mâchoire,
Moi-même je m'en vais là-bas
Faire choix de quelques bons plats.
Je sais comme l'on s'accommode,
Et quelle est d'ici la méthode.
Quand une fois marché est fait,
On n'a plus l'esprit inquiet
Et l'on ne craint plus, à sa honte,
Que trop haut un écot ne monte.
Bois donc, cependant que j'irai,
Et bientôt je retournerai.

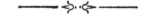

La Promenade de Versailles, ou Entretiens de six coquettes. La Haye (Paris?), 1736, 1737, petit in-12 de 200 pp., plus le titre et la préface.

Ce petit volume est assez rare. Il s'en est vendu, dans une vente faite par Techener en 1869, un exemplaire au prix de 8 francs; un autre exemplaire est conservé à la Bibliothèque de l'Arsenal. L'auteur en serait, dit-on, un nommé de Saint-Paul, mort en 1768, membre de l'Académie de Rouen, et qui avait été mousquetaire du roi. Il raconte six histoires de coquettes fort peu intéressantes. La plus piquante est sans doute la plus courte, celle de la présidente de S***; et c'est la seule qui nous paraisse mériter d'être reproduite. Voici, à peu près comment s'exprime cette dame :

« ... Le président, mon époux, croit probablement que je lui suis fidèle, car il dit que je regarde et que j'ai toujours regardé tous les hommes, en général, comme autant de monstres. Il se trompe ; je les aime tous, au contraire, sans distinction et plus que je ne l'aime lui-même.

« Je n'avais que quatorze ans et quelques mois quand il m'épousa. Je conçus dès-lors de l'aversion pour lui et je n'ai jamais pu la surmonter. J'avais le cœur le plus tendre cependant, et le plus facile à se donner ; mais, en même temps, incapable de se fixer à qui que ce soit. J'aime tous les hommes, mais seulement durant le temps nécessaire pour commencer et mener à fin une courte intrigue.

« Avec un tel penchant, je n'ai donc jamais éprouvé ce qu'on appelle des grands sentiments, et il me suffira de vous raconter ma première aventure, celle par laquelle j'ai pris mon essor, et dont toutes les autres ne sont guère que des copies.

« Comme le président m'a toujours laissée libre de voir le monde, de faire des parties de plaisir, de spectacle, de jeu, j'ai beaucoup moins besoin de me gêner que bien d'autres femmes. Mais, je vous fais languir, et j'entre en matière.

« Il y avait à peine un mois que j'étais mariée ; me trouvant seule dans ma chambre, je

faisais réflexion sur quelques badinages assez
ridicules que venait de faire, avant de me quitter, M. le président. Il est vrai que j'ai souvent éprouvé depuis le même sentiment et reconnu que beaucoup· d'autres hommes ne sont
guère moins pitoyables dans leurs saillies. L'expérience ne m'ayant pas encore éclairée alors,
je le crus exceptionnellement ridicule. Cette idée
m'inspira la résolution de m'instruire de la vérité du fait, dès que j'en trouverais l'occasion,
et sans trop m'arrêter aux conséquences qui en
pouvaient résulter, car je trouvais cette curiosité fort naturelle et fort raisonnable. Après
avoir bien pensé·à la manière dont je pourrais
m'y prendre pour avoir bientôt une telle occasion, le hasard amena précisément un laquais
auprès de moi. Saint-Jean, lui dis-je, mon ami,
vous êtes bien fait. Voulez-vous m'aimer? J'aurai soin de votre fortune. — Madame, me répondit-il, je n'oserais vous dire que je vous aime
de tout mon cœur, mais soyez assurée, s'il vous
plaît, de tout mon respect et de toute mon obéissance. Ordonnez-moi tout ce que vous voudrez
et je serai toujours prêt à remplir de suite les
ordres dont vous m'honorerez. — Eh bien, lui dis-
je, je vous aime. Prouvez-moi dans ce moment
que vous me payez de retour; voilà tout ce que
je vous demande. — Je n'eus pas besoin de le
lui dire deux fois; il me prouva de suite son
obéissance et sa bonne volonté. Il renchérit de
toute manière sur M. le président, et je fus très-
satisfaite de mon expérience.

« Cet heureux succès me donna immédiatement un goût très-vif pour faire de nouvelles tentatives du même genre. J'en fis d'abord plusieurs avec des gens de la même étoffe que Saint-Jean ; puis je voulus éprouver ce qu'on appelle les gens du bel air. Le chevalier de G..., jouant un jour avec moi chez le maréchal de..., me parut propre à remplir mes desseins. Il était aimable, galant ; lorsque je me retirai, il me donna la main jusqu'à mon carrosse. J'en profitai pour lui dire, sans cérémonie, que je m'en allais chez moi, charmée de son mérite. Il me comprit et m'offrit aussitôt de me reconduire. J'y consentis ; il congédia ses domestiques et m'accompagna jusqu'à l'hôtel.

« Ai-je besoin de vous dire qu'avant d'être arrivée, nous étions déjà parfaitement d'accord? Avant d'entrer dans l'hôtel, j'indiquai au chevalier une porte du jardin par où il pourrait entrer sans être vu de personne. Dès que je fus entrée moi-même, je le fis monter dans mon appartement. Pour qu'il pût passer la nuit avec moi, j'avais résolu de l'habiller en femme, et de le faire passer dans l'esprit de M. le président pour une parente de Nantes qu'il n'avait jamais vue, qui était arrivée ce soir même à Paris, et qui devait repartir le lendemain matin pour Rouen. Lorsque mon mari arriva, je lui présentai ma cousine. Il la reçut fort civilement. Nous soupâmes et, à cause du prompt départ de la feinte demoiselle, je priai gracieusement M. le président de coucher seul cette nuit-là, lui disant que je désirais, ainsi que ma cousine, profiter de son court séjour en causant ensemble le plus possible.

« Comme je vous l'ai déjà dit, mes aventures sont aussi bonnes que nombreuses, mais comme elles durent fort peu de temps, elles sont privées d'événements dramatiques et ce ne sont guère que des répétitions. Vous ne m'admirerez donc pas beaucoup et vous êtes sans doute bien plutôt disposées à me faire un peu de morale. Mais enfin, on ne peut vivre dans le monde sans finir pour avoir quelque expérience du monde. Quelque réservées que vous ayez été, je ne doute pas cependant que vous n'ayez à peu près toutes fini par reconnaître que les forces physiques des hommes sont fort différentes les unes des autres. Pour les uns, la nature a été très-avare ; à d'autres elle a prodigué ses largesses. N'avez-vous pas, comme moi, préféré ces derniers ? Répondez-moi, je vous en prie.

« Ses compagnes répondirent unanimement à la présidente qu'elles n'avaient pas aperçu la différence dont elle parlait, que sans doute leurs expériences n'avaient pas été aussi loin que les siennes, et qu'elles ne sauraient donner d'autre raison de la préférence qu'elles avaient accordée à leurs amants que celles d'un mérite ou de charmes personnels qui les avaient séduites.

« Eh bien, dit la présidente, je suis plus savante que vous n'êtes. Voici une autre observation sur laquelle vous ne pouvez être ignorantes : n'est-il pas vrai que généralement les

hommes sont pleins d'empressement, pour ne
pas dire d'une fureur audacieuse en vous ap-
prochant; et que cette furie disparaît aussitôt
qu'ils ont obtenu ce qui l'a excitée?

« C'est vrai, répondirent les dames, et ce n'est
pas étonnant puisque l'empressement des hommes a pour cause unique leurs désirs, et que
ces désirs étant satisfaits, il est naturel que
l'empressement cesse également.— Et pourquoi,
je vous prie, répliqua la présidente, leurs désirs cessent-ils avec la satisfaction? Pour moi,
ajouta-t-elle, je puis vous assurer que cette satisfaction augmente mes désirs, et que plus ma
satisfaction est grande, plus mes désirs sont
grands.— Mais, chère amie, vous êtes une femme,
répondirent les jeunes dames, et naturellement
vous ne tombez pas aussitôt que les hommes
dans l'épuisement de vos désirs ; mais ces pauvres hommes, dès que leur feu s'évapore et qu'ils
se trouvent vides, pour ainsi dire, de ce même
feu, ils tombent nécessairement ou dans le sommeil ou dans une espèce d'indifférence fort ex-
cusable. — Hé bien, dit la présidente, loin de
les excuser, j'ai enragé cent fois contre eux;
mais à l'avenir, au lieu d'enrager, je me féli-
citerai de leur avoir provoqué le sommeil, mais
j'aurai soin surtout qu'ils n'abusent pas de ma
patience. »

Lettres chinoises ou Correspondance philosophique, historique et critique.
La Haye, chez Pierre Paupie, 1739, 5 vol. in-12. — Réimpression en 1742 et en 1755, en 6 vol.; et en 1779 en 8 vol., pet. in-12. — *Cet ouvrage, ainsi que beaucoup d'autres du même auteur, a été mis à l'index le 28 juillet 1742.*

Tous les bibliophiles savent que cet ouvrage est du célèbre Jean-Baptiste de Boyer, marquis d'Argens, né à Aix en 1704, et qui prit le parti des armes à l'âge de 15 ans. Il a donné dans ses mémoires l'histoire de son impétueuse jeunesse. Blessé gravement au siège de Philipsbourg, il passa en Prusse, s'y maria, devint chambellan du grand Frédéric, et il fit un grand nombre de publications remarquables, car il était très-savant et très-actif. Sur la fin de ses jours, il revint en Provence, et il mourut à Toulon en 1771, à l'âge de 67 ans. Ses ouvrages sont très-nombreux et assez estimés; réunis, il formeraient plus de cinquante volumes. On aurait pu songer à en faire une réimpression complète, de même que l'on a fait pour ceux de Voltaire et de J.-J. Rousseau; mais les esprits sont tellement changés par suite de la révolution française, du Socialisme, etc., que ces sortes de collections tombent dans le plus complet discrédit, et se vendent au prix du papier. Il y aurait cependant d'excellents analectes à extraire de ses ouvrages. Nous ne parlons pas de

Thérèse philosophe qui se réimprime continuellement et se lit en entier, mais de la plupart de ses autres productions : *Les Nonnes galantes* ; — les *Mémoires du comte de Bonneval* et autres ; les *Mémoires secrets et universels , ou Histoire de l'esprit humain*, en 14 volumes ; — la *Philosophie du bon sens*, en 3 volumes ; — les *Lettres cabalistiques , juives, chinoises, etc.* — Contentons nous, pour aujourd'hui d'extraire quelques passages de ses *Lettres chinoises*, auxquelles on pense que Frédéric II a collaboré :

Tome I, *lettre 12.* — Ignace, dont tu as si souvent entendu parler aux jésuites, et dont tu as lu la vie écrite par un de ses disciples, écrit bien éloigné de la vérité et de ce qu'on dit ici, est le grand patriarche des molinistes: c'est ainsi qu'on appelle en France les jésuites et tous les autres religieux et séculiers qui leur sont fortement attachés. Cet homme naquit en Espagne, il passa au service les premières années de sa vie. Ayant été blessé au siége de la citadelle de Pampelune d'un coup de fusil qui lui avait cassé l'os de la jambe, sa blessure fut mal pansée ; une grosseur, causée par un os qui avançait trop, rendait sa jambe difforme. Ignace, qui était idolâtre da sa figure, ne put souffrir ce défaut: malgré l'avis des médecins et des chirurgiens il se fit couper cet os jusqu'au vif ; c'était acheter chèrement le plaisir de porter sa botte bien tirée.

Les efforts que fit Ignace pour n'être point
contrefait ne s'arrêtèrent point à ce premier.
Sa cuisse droite s'étant retirée depuis sa blessure, dans la crainte d'être boîteux, il fit cons-
truire une machine de fer pour l'allonger, mais
quelques maux qu'il souffrit et quelque douleur
que lui causât cette espèce de torture, tout cela
fut inutile; la cuisse resta toujours plus courte
que l'autre.

Ignace, pour dissiper sa tristesse et le chagrin de se voir boiteux, demanda quelques livres:
par hasard on lui en donna un qui contenait
l'histoire des principaux saints européens. Ce
livre, rempli de prodiges et d'histoires fabuleuses, échauffa son imagination, qui était naturellement très-forte et susceptible de recevoir
aisément les objets qui lui étaient offerts, quelques bizarres qu'ils fussent. Tout-à-coup, Ignace
ne pensa plus à sa jambe; le souvenir de sa
blessure s'effaça pour ainsi dire de sa mémoire,
les actions fabuleuses des saints européens l'oc-
cupèrent entièrement. Tantôt à l'exemple du
bienheureux Policrone, il cherchait la · racine
d'un gros chêne pour la mettre sur ses épaules
en faisant l'oraison. Un moment après il de-
mandait des cordes pour imiter Dominique l'encuirassé, qui se donnait trois cent mille coups
de fouet pour semaine; il semblait déjà à Ignace
que son cœur, ayant tout le zèle de ces saints
Nazaréens, ses épaules et ses fesses devaient en
avoir acquis la dureté.

Toutes ces folies se passaient cependant en

idées, et n'avaient encore aucune réalité. Ignace
s'était contenté d'extravaguer en secret. Tout-
à-coup, il se livra en public à son imagination
déréglée et se mit à courir les champs. Il monta
sur une mule malgré les remontrances de son
frère; se déroba de chez lui, et prit la route
d'un monastère. Ayant rencontré sur le chemin
un moine mahométan, il voulut l'obliger à se
battre, ou à confesser qu'il se trompait en suivant sa religion. Le maure ne voulut faire ni
l'un ni l'autre, et pour se débarrasser d'un pareil fou, il s'enfuit.

Il semblait que cette première action d'Ignace
fût un augure de ce qu'il ferait un jour, et des
principes sur lesquels il établirait les opinions
qu'il ferait recevoir à ses sectateurs. La violence
et la contrainte sont les deux premières ma-
ximes des jésuites. Oh! qu'ils sont différents en
Europe de ce qu'ils veulent paraître à la Chine.

Après qu'Ignace eut couru toute l'Europe un
pied nu et l'autre chaussé, faisant de temps en
temps quelques extravagances, étant arrêté dans
certaines villes par rapport à ses folies, et conduit devant les juges, il vint à Paris pour y
apprendre les éléments de la langue latine; il
avait alors trentetrois ans. Comme, sous prétexte d'inspirer aux jeunes écoliers l'amour d'une
vie chrétienne, il les induisait à donner tout ce
qu'ils avaient et à vivre comme des gueux, les
professeurs du collége voulurent lui faire donner
le fouet. Il s'excusa le mieux qu'il lui fut possible; et soit qu'on eut quelque honte de traiter

ainsi qu'un enfant un homme de l'âge d'Ignace, soit qu'on se contentât des raisons qu'il apportait, il ne fut point fustigé, et perdit une occasion où il aurait pu attraper quelques-uns de ces coups de fouet qu'il enviait tant à Dominique l'encuirassé.

On ne saurait croire jusqu'où allait la passion d'Ignace pour être fouetté. Tous ses disciples qui ont écrit dans ces derniers temps, conviennent qu'il priait ardemment ses maîtres de le traiter sur cet article, malgré son âge, comme le plus petit écolier. Enfin, après bien des peines, Ignace ayant appris médiocrement la langue latine, et ramassé quelques aumônes, courût encore les grands chemins. Il passa même en Egypte pour aller voir Jérusalem. Les folies qu'il y fit obligèrent les chefs des Chrétiens qui résident dans cette ville, de lui ordonner d'en partir.

Les extravagances d'Ignace étaient plus affectées que réelles. Sous son zèle, outre la dévotion il couvait une ambition démesurée, et quoique son esprit eût d'abord été altéré, soit par le changement de vie, soit par ce qu'il avait souffert dans sa maladie, dans la suite, la vanité et le désir d'être chef d'une secte respectable furent les seuls motifs qui le conduisirent. Il continua toujours à tenir la même conduite parce qu'il s'était aperçu que ses pieuses folies ne laissaient pas que de lui acquérir l'estime et l'admiration du peuple. Dès son voyage de Paris, il avait commencé à avoir quelques disciples, le nombre en augmenta dans la suite considérablement. Il leur imposa pour première loi de vouer au souverain pontife romain une obéissance aveugle, et de se soumettre entièrement aux ordres de leur chef, c'est-à-dire aux siens et à ceux des personnes qui se succéderaient dans la suite. Ces deux points étaient aussi essentiels que politiques. Par le premier, il assurait éternellement à ses disciples la protection de la cour de Rome; par le second il établissait le bon ordre dans la compagnie. C'est ainsi qu'il nomma cette troupe de gens, qu'on appelle aujourd'hui la Société des Jésuites. Il se ressouvenait encore qu'étant militaire, il avait vu que la subordination était l'âme d'une armée, et que dans tous les États rien n'était durable si les chefs n'avaient le pouvoir de se faire obéir. Ce fut là ce qui le détermina à établir cette totale obéissance aux supérieurs, d'où l'ordre a retiré tant d'avantages dans la suite.

Après bien des peines et des soins pour l'établissement de sa secte, Ignace mourut. Ses disciples songèrent d'abord à le déifier, ainsi qu'avaient fait les Chinois en faveur de leur maître Foe; mais comme toutes ses actions étaient encore connues, et que bien des gens le regardaient comme un fou, les autres comme un habile imposteur, les jésuites n'osèrent lui attribuer l'opération de quelques événements miraculeux. Ils avouèrent même qu'il n'avait fait aucun prodige, soutenant cependant qu'il n'en était pas moins digne d'être placé parmi les divinités su-

balternes des chrétiens. Quelques années après,
ils levèrent le masque: les uns prétendirent qu'il
avait reçu par un esprit céleste un livre qu'il
avait composé, les autres assurèrent qu'en ré-
citant des vers galants d'un poète païen, il avait
chassé les esprits immondes et guéri une femme
possédée, en prononçant ceux-ci: *Dans un antre
écarté la reine de Carthage, seule avec son
amant se sauve de l'orage.* Quelques écrivains
soutinrent que le seul nom d'Ignace, écrit sur un
morceau de papier, faisait plus de prodiges que
n'en avait opéré le législateur des Juifs; d'autres prétendirent qu'il n'y avait que le Dieu
suprême et Marie sa mère, souveraine des cieux,
qui eûssent le bonheur de voir Ignace.

Tome III, lettre 85. — En sortant du port
de Nagasaki, je vis tout-à-coup quatorze ou
quinze de nos palefreniers, qui, troussant leurs
robes, exposèrent aux yeux, ce qu'un homme à
la Chine ne pourrait découvrir sans être regardé
comme un fou, ou un infâme. Les Hollandais
qui avaient fait plusieurs fois le voyage, ne
furent point étonnés de l'exhibition de toutes ces
pièces, et rirent beaucoup de ma surprise.

Lorsque j'étais en Europe, me dit l'un d'eux:
« Je demeurais dans une ville où le commandant
devait à tout l'univers et était souvent persé-
cuté par des créanciers. Il y avait entre autres
deux femmes qui l'importunaient tous les matins. C'est en vain qu'il leur assurait qu'il les
paierait dans quelque temps, les obstinées créan-

cières ne manquaient jamais leur visite. Enfin, un jour, le commandant, lassé de leur opiniatreté, les reçut en robe de chambre, sans culotte. Tout-à-coup, comme elles parlaient avec beaucoup de feu, il troussa sa robe, et parut dans l'état où vous voyez les palefreniers. Un voyageur qui a mis le pied sur un serpent, ne fuit pas plus vite que les deux créancières à la vue de ce que leur montrait leur débiteur. Je vous paierai, leur cria-t-il, tous les jours avec cette monnaie.

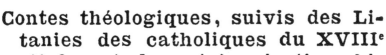

Contes théologiques, suivis des Litanies des catholiques du XVIIIe siècle, et de poésies érotico-philosophiques, ou Recueil presque édifiant.

> *Lasciva est nobis pagina, vita proba est.*
> Mes vers sont libertins, mais mon cœur ne l'est pas.

Paris, de l'imprimerie de la Sorbonne, et se vend aux Chartreux chez le portier. 1783 (1793). In-8 de 304 pages.

Ce volume est un recueil de contes, de chansons et autres poésies piquantes, bien choisies, et dont quelques-unes ne se retrouvent même pas ailleurs. Il en est question dans le supplément à la *Bibliothèque poétique* de Viollet-Leduc et dans la *Bibliographie de l'amour*. Il a été réim-

primé deux fois, et en ce moment même, toutes
les bonnes poésies qui y sont contenues se réim-
priment dans la grande *Anthologie satyrique*
qui aura, dit-on, douze volumes. Nous n'aurions
donc pas à en parler, si nous ne désirions en
faire remarquer les deux épîtres dédicatoires,
signées D. B. et l'*Avertissement* de l'éditeur,
qui avaient pour objet de faire croire qu'un
certain chevalier Du Busca, officier d'artillerie,
serait l'auteur de ce recueil. Cependant, d'après
les *Supercheries littéraires*, I, 996, Du Busca
ne serait que le pseudonyme du général Fr.-R.-J.
de Pommereul, lequel fut aussi préfet, puis directeur de la librairie sous l'empire, auteur d'ouvrages de plusieurs genres et traducteur de
nombre d'ouvrages italiens et latins. C'était un
homme de goût et d'esprit, et les analectes suivants de son volume suffiraient à le démontrer :

*A Messieurs les Auteurs feuillistes, périodistes,
journalistes hebdomadaires, quinzainiers, mens-
truels, annuels, mais point éternels.*

Mes petits Messieurs, un petit auteur de mes
amis, m'ayant assuré que les petits vers, les
petites anecdotes, les petits contes, qu'enfin tout
ce qui était petit, avait le droit d'être inséré
dans vos petites feuilles : je vous envoie ces petites pièces fugitives, en vous priant de leur accorder une petite place dans vos petits recueils.
Je promets même que ceux d'entre vous qui en

feront un petit éloge, recevront de ma part par la petite poste, un petit écu.

Je suis, mes petits Messieurs, votre petit serviteur

D. B.

Paris, 6 mai.

Épître dédicatoire d'un vieux poëte au très-révérend père Elizée, très-digne carme chaussé, auteur du livre intitulé : Manière prompte et facile de s'exciter à l'oraison jaculatoire. *Ouvrage édifiant à l'usage des personnes des deux sexes.*

Mon très-révérend père,

En parcourant avec exactitude le long cours d'une vie passée dans les égaremens et les voluptés, j'ai vu que de toutes les manières dont j'avais offensé la majesté divine, celle qui, ainsi que me l'ont appris vos sermons, a eu le plus droit de lui déplaire, est d'avoir souvent eu le malheur de mal parler et plus mal penser encore des gens d'église, et surtout des religieux. Le cœur vraiment contrit, je tâche aujourd'hui de réparer, autant qu'il est en moi, les erreurs d'une jeunesse inconsidérée. J'ai dû rendre justice aux prêtres séculiers et réguliers, et donner un grand exemple sur la fin de mes jours. Le petit ouvrage que je mets aux pieds de votre révérence doit leur faire oublier toutes mes fautes passées.

Pardon, mon très-révérend père, si j'ai couvert du voile de la fable quelques vérités utiles, mais, pouvais-je ne pas me souvenir qu'en s'instruisant on veut être amusé? D'ailleurs, tout ce monde frivole et profane, qui préfère encore, aveugle en son délire, Ovide à Moïse, et les charmantes fictions de la théologie païenne aux sublimes idées de la nôtre; m'aurait-il lu, si j'avais négligé de m'en servir? et tout le bien que doit faire ce petit ouvrage, cette espèce de testament, où presqu'en mourant j'ai consigné mon repentir, fût-il arrivé?

Vous n'ignorez sans doute pas le goût de toute notre jeunesse pour les petites histoires; c'est une fureur. Je me suis vu forcé par elle de choisir ce genre, puisqu'il plaisait davantage. Vous savez aussi mieux encore que moi, mon très-révérend père, que jusqu'ici l'on n'a cessé de bercer de contes notre pauvre genre humain: contes moraux, contes persans, contes pour rire, contes de mon cousin Guillaume Vadé, contes à dormir debout, contes, etc., etc. Mais tous ces ouvrages sont ou obscènes, ou impies, ou tendants à semer l'erreur, ou à amollir l'âme par le poison des voluptés. En voici enfin d'une autre espèce, consacrés uniquement aux vérités, ce sont des contes théologiques.

Lisez, mon très-révérend père, et faites lire à vos pénitentes. Puisse cet ouvrage être jugé digne, par votre révérence, d'être associé au sien! Elle est même la maîtresse de le faire courir sous son nom, comme un supplément à celui qu'elle vient de publier. Il ne me restera rien à désirer, si, du fond de ma retraite, j'apprends qu'il ait fait dans le monde autant de bien que le sien.

Je suis en me recommandant à vos saintes prières dans le sacrifice de la messe, et à toutes celles des bons pères de votre édifiante communauté,

De votre révérence,

Mon très-révérend père,

Le très-humble et très-obéissant serviteur

D. B.

Paris, 6 juin.

Avertissement de l'éditeur.

Sans un évènement extraordinaire, il paraît que les contes théologiques n'étaient pas destinés à être mis en lumière. Un convoi parti de Bordeaux pour l'Amérique en 1781, portait quelques officiers français, dont les malles se trouvèrent réparties sur différens bâtiments. Un coup de vent ayant dispersé ce convoi, plusieurs des bâtiments dont il était composé, furent pris par des croiseurs anglais. L'une de ces prises, que j'amarinai, contenait une malle remplie de livres et de papiers; mon équipage consentit à m'en laisser l'entière disposition. Parmi beaucoup de manuscrits, j'y trouvai celui des *Contes théologiques* par duplicata: l'un paraît écrit de la

main de l'auteur même; il est très-différent du
second, dans lequel ces contes paraissent avoir
été non seulement abrégés, mais extrêmement
corrigés et améliorés. Une note, à la suite du
second manuscrit, m'apprend que l'auteur des
contes théologiques, est feu M. Du Busca, officier du corps de l'artillerie de France, lequel
avait eté d'abord oratorien. Il paraît que cet
officier mourût vers 1770 et qu'il légua son manuscrit, encore informe, à l'un de ses amis, avec
prière de lui faire voir le jour. Cet ami, vraisemblablement propriétaire de la malle et des
papiers qui m'échurent, s'étant borné à mettre
ce legs en état de paraître, et croyant sans doute
aujourd'hui ne pouvoir plus remplir le vœu du
légataire, sera certainement très-surpris de le
voir mis en exécution. Je me suis fait une espèce de scrupule de remplir sa dette; en effet,
les nombreuses corrections qu'il avait faites à
l'original, prouvent qu'il avait eu le dessein de
l'acquitter. C'est d'ailleurs un moyen de lui
restituer une partie de ses papiers, qui me sont
tombés dans les mains; car le libraire de Francfort, où je me suis arrêté en courant l'Allemagne, et auquel j'ai donné ce manuscrit, aux
conditions de le publier dans l'année, y joindra
pour former un bon volume, beaucoup de pièces
d'un genre analogue, que le légataire des contes
paraissait avoir recueillies avec soin, et qui, pour
la plupart, selon ses notes, ou n'ont point été
imprimées, ou sont perdues dans un trop grand
nombre de volumes.

Je ne dirai rien de ces contes et pièces, je ne connais pas assez la langue et le parnasse français pour les juger; ils me semblent, comme la nation même, spirituels et gais: il me suffit, au reste, d'en faire par la voie de l'impression, une sorte de restitution à celui auquel les hasards de la guerre les avaient enlevés.

JOHN LOWEMAN.

Voici maintenant une petite facétie en prose, exceptionnelle dans ce volume, qui, hors elle, ne contient que des poésies :

Monosyllabes écrits pendant la semaine sainte, par le chevalier de Boufflers au duc de Choiseul.

Mon cher Duc, qui chez vous a la foi? Qui de vous croit au vrai Dieu, à son fils, à un tiers, à ce Dieu qui n'est qu'un, mais qui est trois, et qui n'en est pas moins un: car on sait qu'un et un font deux et un font trois, mais que trois ne font plus qu'un; rien n'est plus clair.

Ce Dieu est de tous les temps, et du temps où il n'y a pas eu de temps; il est dans le temps, il est hors du temps, il n'est point né; il ne meurt point, c'est lui qui le dit, de plus il dit qu'il est né et qu'il est mort.

Ce Dieu est en tous lieux et où il n'y a point de lieu, il est dans les cieux et hors des cieux. Tout est plein de lui, hors ce qui n'est pas plein. Tout est lui hors ce qui n'est pas lui.

Que ce Dieu est bon! il a fait le Ciel pour
nous tous: y va qui veut, c'est un peu haut, et
pas trop gai. Il a fait un grand feu pour ceux
qui ne sont pas là haut; il faut que bien des
gens aient froid, car on y court à qui mieux
mieux.

Ce Dieu n'eût pas de corps tant qu'il fut chez
lui ; mais il en prit un, quand il vint chez nous :
il prit ce corps dans un corps tout neuf, sans
qu'on y eût rien mis. Il est mort, ou il a fait le
mort, deux ou trois jours. Ce qu'il y a de sûr,
c'est que ceux qui l'ont vu mort, l'ont vu au
bout de deux ou trois jours fort vif et fort sain.
Ils en ont eu peur. Mais qui l'a vu? c'est Jean,
c'est Luc , c'est Marc , c'est qui veut ; ce n'est
pas moi. Ils l'ont vu deux mois ; au bout de ce
temps-là il fut au Ciel ; et c'est où on va le voir
le plus tard qu'on peut.

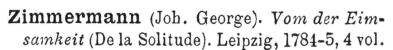

Zimmermann (Joh. George). *Vom der Eim-*
samkeit (De la Solitude). Leipzig, 1784-5, 4 vol.
in-8, figures.

Cet ouvrage fut traduit en français par J.-B.
Mercier, Paris, 1798, in-8, et 1817, 2 vol. in-12;
et par A.-J.-L. Jourdan, Paris, Baillière, 1825,
in-8, 7 fr. — Traduction nouvelle par X. Marmier, avec une notice sur l'auteur. Paris, Fortin-
Masson, 1845, in-12, 3 fr. 50.

Table de l'édition de Marmier : Introduction
(signée X. Marmier), 27 pp. prél. ; — Réflexions
préliminaires, p. 1. — Du penchant à la Société, p. 5. — Du penchant à la Solitude, p. 17.
— Des inconvénients généraux de la Solitude,
p. 39. — Des inconvénients de la Solitude pour
l'imagination, p. 51 — pour la passion, p. 66.
— Avantages de la Solitude, p. 77 — pour l'esprit, p. 119 — pour le cœur, p. 207. — Conclusion, pp. 291-298.

Zimmermann naquit à Brugg, en Suisse, en
1728. Se destinant à la médecine, il fit de bonnes
études à Berne, puis à Gœttingen, et il voyagea
en Hollande et en France. Il exerça d'abord la
médecine dans sa ville natale, puis, s'étant distingué par divers écrits, il obtint la place de
premier médecin du roi d'Angleterre à Hanôvre.
Son esprit était mélancolique, il tomba même
dans un état habituel de fièvre misanthropique.
Cet homme qui, comme J.-J. Rousseau, parlait
tant de la paix de l'âme dans ses écrits, mourut
comme lui dans le délire et sans la moindre
consolation, en 1795. Deux de ses ouvrages ont
conservé une certaine réputation, et, l'un comme
l'autre, ont été traduits en français ; le premier
est le *Traité de l'orgueil national*. L'auteur
part de ce principe que tous les hommes sont
dominés par l'orgueil, enfant d'un sot amour-
propre, leur donnant une fausse idée de leur
valeur et corrompant leurs idées sur le mérite
des choses. C'est ainsi que chaque agglomération
d'hommes, chaque famille, chaque village, chaque

ville, chaque peuple, croit avoir quelques qua-
lités particulières et supérieures qu'il refuse à
ses voisins.

Malheureusement, Zimmermann examinant les
prétentions ou croyances des divers peuples qui
couvrent la terre, tombe lui-même dans un
grand nombre d'erreurs, et ne peut se préserver
d'un certain chauvinisme ridicule. Son *Traité
de l'orgueil national* nous paraîtrait tellement
arriéré aujourd'hui que ce serait du temps perdu
que de s'occuper à en faire une analyse et une
réfutation.

L'autre ouvrage estimé de Zimmermann est
le *Traité de la Solitude*. Il le commença en
1766, à l'âge de 38 ans, et le continua plus tard;
mais les quatre volumes ne furent terminés qu'en
1785. Il a été souvent traduit, mais jamais en
entier, car ces quatre volumes sont pleins de
longueurs fastidieuses, de répétitions, etc.,
sans parler des nombreuses erreurs et des con-
tradictions manifestes.

Zimmermann est l'apôtre de la solitude, mais
il n'en fait valoir les avantages qu'après avoir
d'abord parlé ainsi : « L'homme est né pour
« vivre en société ; il a des devoirs à remplir
« dans le monde, devoirs de citoyen, de famille,
« de relations affectueuses. Il ne doit pas briser
« la chaîne de ces devoirs pour se retrancher
« dans la retraite avec un froid égoïsme ou une
« sauvage misanthropie. Si la solitude calme et
« apaise les passions les plus fougueuses, il est
« possible aussi qu'elle les entretienne et leur

« donne un essor plus impétueux. Il faut, pour
« en goûter la salutaire influence, y porter des
« pensées de travail, des idées de raison. Rien
« de meilleur, en certains moments de la vie,
« qu'une solitude sage et dignement occupée;
« rien de plus dangereux qu'une solitude où l'on
« ne porte que de mauvais penchants qu'on ne
« cherche point à corriger, et des habitudes de
« désœuvrement. »

C'est à peu près dans ce peu de mots que con-
siste toute la substance de l'ouvrage; le reste
n'est guère qu'une amplification, une suite de
variations brodées sur le thème original : détails
sur la magnificence de quelques grandes scènes
de la nature, description des vices, des inconvénients et des dangers de la société actuelle, des
douleurs, des ennuis qu'on y éprouve souvent,
et de la fatigue qu'elle vous inspire quelquefois.

Au lieu de chercher à améliorer et à harmoniser la société, tâche des socialistes modernes,
Zimmermann ne pense qu'à la fuir, et il oublie
tous les devoirs sociaux dont il se targuait dans
ses prémisses.

Zimmermann a remarqué qu'on peut s'isoler
du monde sans se séparer de lui et sans mener
une vie d'ermite : « Ainsi, dit-il, on peut rester
« seul au milieu d'une réunion nombreuse. » Il
ne nous paraît pas avoir poussé cette observation assez loin. Ce n'est pas toujours par des
mouvements d'orgueil ou par des préoccupations
d'esprit qu'on se trouve isolé naturellement de
ceux qui vous entourent, c'est parce que eux et

vous avez momentanément des occupations différentes, qu'il ne faut pas, à moins d'une utilité
évidente, se déranger les uns les autres. L'iso-
lement donc, par lui-même, est loin d'être nécessairement anti-social, comme il paraît le
croire. Il ne faut, du reste, lui demander aucune
idée bien avancée; elles paraissent généralement
lui avoir échappé. Il raconte un grand nombre
d'anecdotes dont quelques-unes sont curieuses
et même peu connues, mais il les commente
souvent d'un façon saugrenue. Il prend à chaque
instant le ton dévot et à tout propos vous débite des capucinades. A son avis, les monastères
seraient l'une des plus utiles et des plus loua-
bles conceptions des hommes, etc.

Mais c'est surtout en ce qui concerne les relations sexuelles que l'on retrouve chez Zimmermann toute la sensiblerie niaise et filandreuse,
sous les apparences de laquelle les moralistes
du temps passé dissimulaient leur désir de rendre leurs femmes de pures esclaves. Ainsi, il
fait nombre de phrases dans ce genre: « C'est
« dans la solitude surtout qu'il est doux d'é-
« voquer les souvenirs de l'amour. Ah! la pre-
« mière rougeur pudique qui s'est répandue sur
« nos joues, le premier serrement de main, la
« première colère que l'on a éprouvée en se
« voyant troublé par un importun dans un tendre
« entretien, sont autant d'impressions ineffa-
« çables!...... Celui qui a connu ces jouissances
« de l'amour les retrouve toujours dans son sou-
« venir. Herder parle d'une certaine mytho-

« logie asiatique qui raconte que les hommes
« ne se montraient d'abord, pendant plusieurs
« milliers d'années, leur amour que par des re-
« gards, puis par quelques baisers, puis par de
« simples attouchements. Wieland éprouva dans
« l'ardeur de la jeunesse, ce chaste et noble
« amour pour une jeune personne de Zurich. Il
« savait que le mystère de l'amour expire en
« partie dans le premier baiser et dans le pre-
« mier soupir. Un jour, je demandai à cette per-
« sonne quand Wieland l'avait embrassée pour
« la première fois: Il m'a, dit-elle, baisé la main
« pour la première fois quatre ans après m'avoir
« connue. » — Dans l'ouvrage de Zimmermann
on pourrait citer cent mignardises de ce genre.

Quant à la conclusion de l'ouvrage, elle n'a
rien d'hyperbolique, et la voici condensée en
quelques termes clairs: «Partageons donc notre
« temps entre le monde et la solitude, entre les
« distractions sociales et les jouissances intel-
« lectuelles; nous échapperons ainsi à la folie
« de celui qui court continuellement après les
« plaisirs, et à la misanthropie du farouche
« anachorète. »

Le Pot au noir et le pot au blanc, ou la Vérité dévoilée, la fourberie démasquée et la religion papiste renversée. A Rome, 1787, in-8 de 206 pp.

Nous avons rencontré ce volume dans une bibliothèque particulière, mais il est fort rare. On peut penser qu'il a été l'objet d'une destruction sourde. Dans la Bibliothèque Leber, il s'en trouvait un exemplaire daté de Londres, 1788 ; c'est sans doute un simple changement de titre, selon la mode invétérée des libraires éditeurs. L'auteur, qui est inconnu, mais que l'on peut supposer être le baron d'Holbach, cherche, pages 36 et suivantes de son volume, à évaluer les tueries d'hommes occasionnées par la religion chrétienne depuis Constantin jusqu'à nos jours ; il trouve dix millions de victimes faites par les guerres contre les schismatiques, les hérétiques, les infidèles, etc. Il est certainement beaucoup trop modéré dans ses évaluations. Ainsi, par exemple, il ne porte qu'à 200,000 le nombre des victimes de l'inquisition, tandis que dans l'Espagne seule, sans parler ici de la Sicile, de la Sardaigne, de la Flandre, du Portugal, de l'Amérique et des Indes, Llorente, ce célèbre historien qui, de 1789 à 1791, a été sécrétaire-général de l'Inquisition en Espagne et qui a eu à sa disposition les archives du saint-office, nous révèle que, seulement depuis 1481 jusqu'à 1821, le nombre de ces victimes se chiffre déjà par 340,000. Il oublie, de plus, les affreux procès de magie et de sorcellerie, si nombreux en France, en Espagne et dans d'autres pays catholiques, entraînant toujours, à la suite des tortures de la question, des pendaisons, des décapitations, des noyades, des enfouissements tout vif, etc., et surtout des brûlements à petit feu.

L'auteur reproduit plus loin le tableau effrayant des barbaries exercées contre les Vaudois, d'après Samuel Morland, ambassadeur d'Angleterre en Savoie :

« Jamais, dit-il, les chrétiens n'ont commis tant de cruautés contre les chrétiens. L'on coupoit la tête aux Barbes (c'étoient les pasteurs de ces peuples); on les faisoit bouillir; on les mangeoit; on fendoit avec des cailloux pointus, aiguisés sur de la pierre ponce, le ventre des femmes jusqu'au nombril; on coupoit à d'autres les mamelles; on les faisoit cuire sur le feu et on les mangeoit; on mettoit à d'autres le feu aux parties honteuses : on les leur brisoit et l'on mettoit en place des charbons ardents ; on arrachoit à d'autres les ongles avec des pinces; on attachoit des hommes demi-morts à la queue des chevaux, et on les traînoit en cet état à travers les rochers. Le moindre de leurs supplices étoit d'être précipités d'un mont escarpé, d'où ils tombaient souvent sur des arbres auxquels ils restoient attachés, et sur lesquels ils périssoient de faim, de froid ou de blessures. L'on en hachoit en mille pièces, et l'on semoit leurs membres sanglans et leurs chairs meurtries dans les campagnes. On empaloit les vierges par

les parties naturelles; on les portoit en cette
posture en guise d'étendard.

« On traîna entr'autres un jeune homme
nommé Pelanchion par les rues de Lucerne,
semées partout de cailloux. Si la douleur lui faisoit lever la tête ou les mains, on les lui assom-
moit; enfin, on lui coupa les parties honteuses,
qu'on lui enfonça dans la gorge, et l'on l'étouffa
ainsi; ensuite on lui coupa la tête, et l'on jeta
le tronc sur le rivage.

« Les catholiques déchiroient de leurs mains les
enfans qu'ils arrachoient au berceau; ils faisoient
rôtir les petites filles toutes vives, leur coupoient
les mamelles, et les mangeoient; ils coupoient
à d'autres le nez, les oreilles et les autres parties
du corps; ils remplissoient la bouche de quelques-
uns de poudre à canon, et y mettoient le feu;
ils en écorchoient tout vifs; ils en tendoient la
peau devant les fenêtres de Lucerne; ils arrachoient la cervelle à d'autres qu'ils faisoient
rôtir et bouillir pour en manger.

« Les moindres supplices étoient de leur ar-
racher le cœur, de les brûler vifs, de leur couper
le visage, de les mettre en mille morceaux, et
de les noyer.   .

« Mais ils se montrèrent vrais *catholiques* et
dignes *romains*, quand ils allumèrent un four
à Garcigliane, dans lequel ils forcèrent onze
Vaudois à se jeter les uns après les autres dans
les flammes, jusqu'au dernier, que ces meurtriers y jetèrent eux-mêmes.

« On ne voyoit dans toutes les vallées que des

corps morts ou mourants: les neiges des Alpes étoient teintes de sang. L'on trouvoit ici une tête coupée, là un tronc, des jambes, des bras, des entrailles déchirées et un cœur palpitant. »

Comme le fait observer l'auteur du *Pot au noir*, les Vaudois, pour être traités avec tant de barbarie, n'étaient cependant coupables d'aucun méfait. Ce qu'on leur reprochait, c'était de n'avoir pas abandonné leur demeure et le lieu de leur naissance, et de ne point s'être exilés d'un pays qu'ils possédaient de père en fils depuis 1500 ans et dans lequel ils avaient toujours librement exercé leur culte. Leur crime était de vouloir s'en tenir aux traditions de l'église primitive et de vouloir maintenir, avec leur indépendance, une certaine rigidité de mœurs, choses qui déplaisaient essentiellement aux bons papes, aux bons prêtres, aux bons capucins et aux bons évêques, qui veulent, eux, avant tout, que l'on leur obéisse.

Dans les dernières pages du volume, 196 et suivantes, l'auteur fait observer que les jésuites et les papes ont adopté les opinions de saint Thomas d'Aquin, le *père de l'église*, le *docteur universel*, le *docteur angélique*, l'*ange de l'école*, exprimées dans son *Commentaire sur la cinquième des politiques*, textes 11 et 12. Voici comment Naudé traduit ces propositions de saint Thomas, pires que toutes celles avancées par Machiavel dans son *Prince* :

« Pour maintenir la tyrannie, il faut faire mourir les plus puissants et les plus riches, parce que de telles gens se peuvent soulever contre le tyran par le moyen de l'autorité qu'ils ont.

« Il est aussi nécessaire de se défaire des grands esprits et des hommes savans, parce qu'ils peuvent trouver par leur science les moyens de miner la tyrannie.

« Il ne faut pas même qu'il y ait des écoles, ni autres congrégations, par le moyen desquelles on puisse apprendre les sciences ; car les savans ont de l'inclination pour les choses grandes, et sont, par conséquent, courageux et magnanimes ; et de tels hommes se soulèvent facilement contre les tyrans.

« Pour maintenir la tyrannie, il faut que les tyrans fassent en sorte que les sujets s'accusent les uns les autres, et se troublent eux-mêmes ; que l'ami persécute l'ami, et qu'il y ait de la dissension entre le même peuple et les riches, et de la discorde entre les opulents ; car en le faisant, ils auront moins de facilité de se soulever à cause de leurs divisions.

« Il faut aussi rendre pauvres les sujets, afin qu'il leur soit d'autant plus difficile de se soulever contre le tyran.

« Il faut établir des subsides, c'est-à-dire, de grandes exactions et en grand nombre ; car c'est le moyen de rendre bientôt pauvres les sujets.

« Le tyran doit aussi susciter des guerres parmi ses sujets, et même parmi les étrangers, afin qu'ils ne puissent négocier aucune chose contre lui.

« Les royaumes se maintiennent par le moyen

des amis, mais un tyran ne doit se fier à personne pour se conserver en la tyrannie.

« Il ne faut pas qu'un tyran, pour se maintenir dans la tyrannie, paraisse à ses sujets être cruel, car s'il leur paraît tel, il se rend odieux, ce qui les peut faire plus facilement soulever contre lui ; mais il doit se rendre vénérable par l'excellence de quelque éminente vertu, car on doit toute sorte de respect à la vertu, et s'il n'a pas cette qualité excellente, il doit faire semblant qu'il la possède.

« Le tyran se doit rendre tel qu'il semble à ses sujets qu'il possède quelque éminente vertu qui leur manque, et pour laquelle ils lui portent respect. S'il n'a point de vertus, qu'il fasse en sorte qu'ils croyent qu'il en ait. »

Un pot sans couvercle et rien dedans, ou les Mystères du Souterrain de la rue de la Lune, *histoire merveilleuse et véritable, traduite du français en langue vulgaire, par Louis Randol* (Eusèbe Salverte). Paris, Logerot, an VII (1799), in-8 de VIII-160 pages (les six dernières contiennent un catalogue de romans) et une gravure.

Ce livre est une critique assez amusante des romans noirs ; le sujet du roman est le diable nouant l'aiguillette. On sait que l'on portait

autrefois des haut-de-chausses attachés avec une
aiguillette, et que l'on disait d'un homme qui
n'avait pu s'acquitter de certain devoir que le
diable avait noué son aiguillette. Cet accident,
malheureusement assez commun, n'a guère le
don d'éveiller l'interêt ; toutefois le volume est
bien écrit, humoristique ; il rassemble, dans un
bref récit, aux déconfitures diaboliques d'a-
mants près de leurs dames et aux mécomptes
de ces dernières, plusieurs anecdotes piquantes
et peu connues et des aperçus spirituels.

Une vieille, grimpant un escalier d'une maison
de la rue de la Lune, prononce ces paroles : *Un
pot sans couvercle et rien dedans* : à l'instant,
deux amants touchant au moment suprême, se
trouvent dans la situation qu'expriment ces mots
fatidiques.

Cette phrase, colportée malignement, produit
le même effet sur tous les galants qui l'enten-
dent. De là une suite d'aventures. Les hommes
raisonnent savamment sur la cause de ces accidents, mais ils ne la découvrent pas. Les femmes,
tout en se déclarant satisfaites de l'amour plato-
nique, cherchent des dédommagements entre-
elles, mais elles s'en fatiguent vite et déclarent
que si elles ne s'en mêlent, les hommes divagu-
eront éternellement sur la cause et l'effet sans
aboutir à rien. Elles consultent une magicienne
à la mode, qui leur découvre que c'est un tour
joué par le diable et qu'il n'y a qu'un homme
dans de certaines conditions qui puisse le déjouer.
Elles trouvent cet homme. Il est coiffé par la

vieille du fameux pot, mais cette fois elle dit:
Un pot sans couvercle et *quelque chose dedans.*
Le diable ne s'attendait pas à cette variante de
la phrase, il est vaincu et tout rentre dans le
devoir.

Voici quelques anecdotes prises au hasard dans
ce livre :

Un jeune homme poursuit une femme de son
amour. C'était à une fête ; il la bloque dans un
cabinet éloigné, la dame fait une longue résis-
tence. Enfin elle faiblit! mais l'amant est à bout
de force, il sent qu'il manque à son bonheur ce
qu'il faut pour le sceller, alors il feint d'entendre
du bruit.... Dieux! on vient!.... Il s'élance, ra-
juste tout, et disparaît. La dame rentre au salon.
Il la querelle sur sa longue résistance, qui, dit-
il, a tout fait manquer. Elle le croît, et ne sut
jamais qu'elle avait échappé à un affront auquel
toutes les femmes sont sensibles, quoiqu'elles
en disent.

La grande Almérine rit avec son petit amant
de la phrase fatale. A force de rire des autres,
on se monte l'imagination, le lieu était propice;
au début de l'action, la belle avançant la tête
vers son aimable nain : Petit, lui dit-elle, quand
vous aurez fini, vous viendrez m'embrasser. En-
tendez-vous? Cette fois, le petit ne vint pas,....
car...

Car l'accident qui était le sujet des propos
du jour trottait dans sa mémoire, et, ma foi!....

Mob, l'un des dignes amants de nos merveil-
leuses, jure qu'en rencontre pareille, il dirait
tranquillement: Madame, en avez-vous un autre?
Celui-ci ne me fait pas d'effet. Il est le même
soir dans le cas d'employer ce mot insolent, mais
loin d'avoir ce beau sang-froid, il fait des ex-
cuses plus sottes encore que sa position, et s'at-
tire deux soufflets d'une beauté peu endurante.

Dans une compagnie de femmes où il s'en
trouvait de goûts différents, on discutait la question de savoir quels sont les baisers les plus voluptueux. Moi, dit une adversaire des Lesbiennes,
je suis pour les baisers qui ont un manche.

Un vieux seigneur florentin avait apporté à
Paris les goûts de son pays. Vos fantaisies, lui
dit son pourvoyeur, nous compromettent diable-
ment. Que ne prenez-vous des filles? Vous en
trouverez de bonne volonté, et qui auront pour
vous toutes les complaisances.... —Ah! fi donc!
mon ami, fi donc! c'est comme si tu me servais
à table un gigot sans manche.....

En somme, le volume est assez original pour
comporter une réimpression. Déjà l'*Anthologie
scatologique* en avait reproduit une historiette
(pages 134-135). Si on ne la fait pas, tout cela
va passer, en changeant quelques noms propres
et quelques phrases, sous les noms de nos che-
valiers de lettres modernes, qui réclameront les
bénéfices de la loi sur la propriété littéraire, précisément pour les choses qu'ils y auront puisées.

**Recherches historiques sur la per-
sonne de Jésus-Christ, sur celle de
Marie, sur les deux généalogies du
Sauveur, et sur sa famille;** *avec des
notes philologiques, des tableaux synopti-
ques, et une ample table de matières ; par
un ancien bibliothécaire* (Et.-Gabr. Peignot).
Dijon, Victor Lagier, 1829, in-8 de xxiii-
275 pp.

Publié vingt ans avant la mort de l'auteur et
lorsque, pour prix de sa conversion à l'ultra-
montanisme, il eut obtenu la place de proviseur
du collége royal de Dijon et d'inspecteur des
études à l'académie de la même ville, ce volume
est un pur hommage à la doctrine catholique.
Or, on sait que les prêtres n'aiment pas beaucoup que d'autres qu'eux-mêmes se permettent
d'enseigner les mêmes choses qu'eux, et que
généralement, ils étouffent les ouvrages de ces
concurrents dans le silence, ou bien ils y trouvent quelques graves défauts ; aussi le livre de
Peignot s'éteignit-il dans le silence. Il est devenu assez rare et n'a pas été réimprimé.

Dans sa préface, Peignot débite nombre de
capucinades dont aucune ne vaut la peine d'être
relevée; quelques détails sur Mahomet, tirés d'un
ouvrage de M. Reinaud (*Description des monu-
ments du cabinet du duc de Blacas*) pourraient
seuls faire exception. Ainsi Mahomet (ou pour
mieux dire Mohammed) n'était point, comme on
l'a prétendu, un simple conducteur de chameaux;

il était d'une race illustre, de la tribu des Ko-
raïsch. Il porta vaillamment les armes contre une
autre tribu qui avait violé le territoire de la Mec-
que. Il n'était point non plus un homme obscur
quand Kahadidjah le prit pour époux. Bien que
les Musulmans lui donnent jusqu'à 99 noms et
surnoms de vertus (chaste, clément, miséricor-
dieux, etc.), il était loin de les mériter ; à 58
ans, il avait douze femmes, et il en épousa un
grand nombre de nouvelles. D'un autre côté, il
ordonnait de massacrer tous ceux qui ne se sou-
mettraient pas à sa loi, etc.

Les Musulmans appellent Jésus *Issa ;* le Coran dit qu'il était né sans père, comme Adam
avait été crée sans mère, et qu'il fut produit par
la seule *parole* (*verbe*) de Dieu. Selon les Musulmans, Jésus opérait ses miracles avec son
souffle ; il n'a pas été crucifié. Les Juifs croyant
le faire périr, ont attaché à la croix un corps
humain qui lui ressemblait. Il a été enlevé au
ciel au moment de la passion. Il reviendra vers
la fin des siècles pour confirmer la loi de Mahomet, et alors les deux religions n'en feront
plus qu'une seule. A l'époque où Mahomet commença ses prédications, en 610, les juifs et les
chrétiens se disputaient vivement la préemi-
nence en Arabie, et Mahomet ne voulait se mettre
en contradiction ouverte ni avec les uns ni avec
les autres, mais il prétendait, en les réunissant,
fonder une religion nouvelle qui succédât aux
deux anciennes. On ne peut disconvenir qu'il
n'y ait réussi jusqu'à un certain point, puisque

l'islamisme est encore aujourd'hui pratiqué dans un grand nombre de pays. Peignot lui-même dit qu'on trouve dans le Coran des idées sublimes, et, comme exemple, il cite celle-ci : « *Tout ce qui existe, je l'ai fait pour toi*, dit Dieu en s'adressant à l'homme ; *mais toi, je t'ai créé pour moi*. » Il en résulterait que l'homme jouerait le rôle d'une marionnette créée pour amuser Dieu qui s'ennuyait de toute éternité.

L'auteur commence ensuite son *Introduction* par ces mots : « De tous les livres qui existent, le plus beau, le plus curieux, le plus intéressant, le premier enfin pour un vrai chrétien, est sans contredit celui des Evangiles, ce livre par excellence qui renferme la vie et les instructions de N. S. Jésus-Christ. » — « Le cœur se nourrit avec délices du miel de ces pages sacrées... » Voilà un homme heureux s'il parle bien sincèrement !

Malheureusement, à la page suivante, Peignot avoue; que ni l'année de la naissance de Jésus, ni celle de sa mort, ne sont connues dans l'histoire. Les Evangiles font bien foi de son existence sous les règnes d'Auguste et de Tibère, mais ils ne furent admis qu'en l'an 325 par le concile de Nicée. Quant à Tacite, Suétone et Josèphe, historiens qui le nomment aussi, on conteste ces passages comme étant des interpolations.

Une lettre de Lentulus, produite seulement au XVᵉ siècle, mais que l'on regarde comme fabriquée dans le moyen-âge, donne quelques

détails sur la personne du Sauveur. Elle est
supposée écrite du vivant de Jésus. Peignot suppose cette pièce calquée sur des descriptions antérieures, qui auraient eu pour base la tradition.
Ce Lentulus n'est nullement connu dans l'histoire, et c'est à tort qu'on le donne comme
proconsul en Judée avant Ponce-Pilate ; c'était
Valérius Gratus qui remplissait alors ces fonctions.

Nicéphore Calliste a consacré aussi un chapitre de son *Histoire ecclésiastique* à faire le
portrait de Jésus. Un troisième portrait est
tracé par Saint Laurent Justinien, premier patriarche de Venise, mort en 1455, dans son traité
De casto connubio. Enfin l'abbé Fleury, dans
son traité des *Mœurs des chrétiens,* a consacré
quinze pages à un tableau résumé de la vie et
de la personne du Christ.

D'autres auteurs se sont occupés seulement
de sa beauté, de ses perfections ou imperfections
physiques. Nic. Rigault, Franç. Vavasseur, Pierre
Pijart, Pierre Haberkorn, etc., ont écrit de
nombreux ouvrages sur ce sujet intéressant.

De la page 39 à la page 85, Peignot parle des
différents portraits de Jésus-Christ, que l'on
croit avoir été exécutés de son vivant et même
sur sa propre figure. Ainsi, il existe à Rome,
dans la basilique de Saint-Pierre, une sainte
face du Sauveur. On la conserve précieusement
et on la montre tous les ans au peuple le jeudi
et le vendredi saints, ainsi que la lance et la
croix. On nomme ce portrait *Veronica* (vraie

image). C'est une représentation de la face de Jésus empreinte sur un linge. Les uns croient que ce linge est le suaire qui fut mis sur le visage du Christ après sa mort, d'autres que c'est le mouchoir avec lequel une femme essuya son visage quand il montait au calvaire chargé de sa croix. Plusieurs auteurs ont aussi publié des ouvrages sur cette sainte face, etc. ; mais nous passons tous ces détails qui paraîtraient une viande bien filandreuse pour les bibliophiles.

Page 85. *De la statue érigée à J.-C. par l'hémorrhoïsse.* Saint Mathieu, Saint Marc et Saint Luc nous apprennent qu'une femme, tourmentée depuis douze ans d'un flux de sang auquel avaient résisté tous les efforts de la médecine, se glissa dans la foule qui suivait Jésus, et qu'ayant seulement touché la frange de son vêtement, elle fut guérie à l'instant. « *Fides tua te salvam fecit* », lui dit Jésus. — L'évangile n'en dit pas davantage, mais Eusèbe, auteur chrétien du IVe siècle, ajoute que cette hémorrhoïsse guérie par Jésus fit faire deux statues d'airain, l'une la représentant, et l'autre représentant le Sauveur qui lui tendait la main. Eusèbe prétend qu'il a vu lui-même cette statue *ad similitudinem vultûs Jesu formatam.* Beaucoup d'autres écrivains religieux répétèrent cette histoire en y ajoutant de nouveaux détails ; les païens avaient traîné cette statue de J.-C. dans la ville par les pieds et l'avaient brisée. Les chrétiens en recueillirent les morceaux et les conservèrent religieusement, etc.

Le chapitre suivant, occupant les pages 96 à 130 du volume, reproduit une *Dissertation sur la beauté de Jésus-Christ* par dom Augustin Calmet, avec quelques additions (des *opinions contre la beauté de Jésus-Christ, etc.*). Il semble, en vérité, que ce volume est destiné à enflammer l'imagination des jeunes personnes du sexe féminin. — Enfin, à la page 133, nous commençons à faire des recherches sur la personne de la Sainte Vierge. Les pères Catrou et Rouillé, dans leur *Histoire romaine*, t. XIX, p. 326, disent qu'elle était née à Nazareth en Galilée, de parens presque inconnus, environ 15 ans avant l'ère vulgaire. Or, comme on ne fait aucun doute que Jésus-Christ ne soit né au moins quatre ans avant cette ère, il en résulterait que Marie serait accouchée à l'âge de onze ans. Cependant, d'après d'autres auteurs, la date de la naissance de la Vierge est fort incertaine. Peignot personnellement, après des recherches assez approfondies, *pense* qu'elle était née 21 ans avant l'ère vulgaire. Nicéphore, qui est entre les deux, prétend qu'elle est accouchée à l'âge de quinze ans.

La date de la mort de Marie est également incertaine. Les uns prétendent qu'elle mourut à Ephèse, d'autres pensent qu'elle mourut en Judée. Les uns disent qu'elle est morte à l'âge de soixante ans, d'autres prolongent sa carrière à 66, à 72 ans. Quant à l'Assomption, c'est-à-dire, l'enlèvement de son corps au ciel par les anges, personne n'en a jamais eu connaissance;

c'est une simple supposition. On dit seulement que les Apôtres assistèrent aux funérailles de la Sainte Vierge et que , trois jours après sa mort, le tombeau ayant été ouvert, on n'y trouva plus le corps , mais seulement les linceuls qui répandaient une odeur délicieuse.

Dans l'*Histoire ecclésiastique* de Nicéphore, on nous donne le portrait de la Vierge. La plus grande décence régnait dans toutes ses actions; elle parlait peu, mais toujours à propos. Sa taille était moyenne, ou un peu au dessus de la moyenne. Dans ses conversations régnait une liberté décente, mais jamais de plaisanterie, ni de propos qui pussent causer le moindre trouble. Ses cheveux étaient blonds (le père Blandin, jésuite, prétend qu'elle était *brunette*), ses yeux vifs, avec des sourcils d'un beau noir et bien arqués; nez assez long et aquilin; lèvres vermeilles. Sa figure était ovale. Elle avait les mains et les doigts longs. Elle était ennemie de tout faste, simple dans ses manières et dans ses habits; enfin, une grâce infinie répandait un éclat divin sur toutes ses actions.

Selon *Saint-Marc*, VI, 3, Marie gagnait sa vie par les travaux de ses mains , à coudre, à filer, etc. Quant à saint Joseph, il est simplement nommé *faber* dans l'évangile (*Matth.*, XIII, 55; *Marc*, VI, 3); mais il est généralement admis qu'il a été charpentier, bien que quelques-uns aient prétendu qu'il était serrurier ou maréchal. L'*Evangile* apocryphe *de l'enfance* dit que Jésus allait avec Saint Joseph , son père,

par la ville pour faire des coffres, des portes, etc.
Peignot termine son article sur la sainte Vierge
par une trentaine de pages de recherches in-
fructueuses sur les portraits qui ont pu être
faits d'elle par le peintre Saint Luc, etc.

Nous arrivons enfin à la généalogie de Jésus.
On sait que celle donnée par Saint Mathieu est
tout-à-fait différente de celle donnée par Saint-
Luc : Peignot entreprend le difficile travail de
les concilier, ou pour mieux dire, de faire semblant de les concilier, car elles sont véritable-
ment inconciliables. Il ne trouve d'autre moyen
que de supposer que l'une des listes est celle
des ancêtres de Joseph et l'autre de ceux de la
Vierge. Mais, puisque Joseph n'est pour rien
dans la paternité de Jésus, pourquoi les évan-
giles donnent-ils sa généalogie au lieu de celle
de Marie ? Parce qu'il avait reconnu cet enfant
et qu'il l'a élevé et traité comme son propre
fils. — Allons, c'est bien, n'en parlons plus.

Passons maintenant aux parens de Jésus. —
— « Jésus-Christ, conçu par l'opération du Saint-
Esprit, nous dit Peignot, a été fils unique de
Marie ; cela est reconnu par toute la chrétienté;
mais à quel dégré lui étaient parens ceux qui
sont nommés ses frères et sœurs dans l'évangile ? » Voilà sur quoi l'on n'est pas d'accord.
Ici l'auteur entre dans le plus grand détail et
nous expose minutieusement les idées sur ce
sujet de saint Jean Damascène, de S. Epiphane,
de Thoynard, de Tirinus, etc.

> Je saute vingt feuillets pour en trouver la fin
> Et je me sauve à peine au travers du . . latin,

car Peignot ne nous le ménage pas. Enfin à quoi conclut-il à sa dernière page (p. 250) ? Hélas ! à rien de bien clair. N'admettant pas d'abord que Marie ait eu d'autre enfant que Jésus, « *et écartant de même*, ajoute-t-il, *l'opinion qui fait Saint Joseph père des six prétendus frères et sœurs de Jésus-Christ, parceque nous aimons à lui conserver le caractère de pureté et de chasteté sous lequel on l'honore, et qui lui a sans doute valu la gloire de son union avec Marie* », il conclut *jusqu'à meilleur avis*, que ces six jeunes gens devaient être simplement les neveux et les nièces de Joseph.

On ignore le lieu et le temps de la mort de saint Joseph. Les uns disent qu'il avait quatre-vingts ans quand il épousa Marie et qu'il est mort âgé de 92 ans ; d'autres ne donnent que 50 ans à Joseph lors de son mariage avec la Vierge, et ajoutent qu'il est mort 29 ans après la naissance de Jésus.

Le volume est terminé par une table alphabétique de matières et des noms propres cités ; elle contient 20 pages.

D. P.

L'Excommunié, *organe (hebdomadaire) des libres penseurs lyonnais*. Denis Brack, directeur. Lyon, du 24 avril 1869 au 8 octobre 1870, 68 numéros in-fol.

La préface, dans le 1er n°, est brève, la voici:

« *L'Excommunié* ouvre ses bras à tous les libres penseurs.
« Honnêteté, humour et vaillance, voilà notre devise.
« Frères, aux plumes! »

DENIS BRACK.

Cette petite déclaration de principes fut mal accueillie par les gens qui pensent bien, et non pas librement, car le n° 2 commence ainsi :

« Hier matin, 29 avril, la boîte de l'*Excommunié* a été brisée à coups de hache. — Provisoirement, le concierge du n° 23 de la place Tholozan nous remettra nos lettres. On peut aussi nous écrire à l'imprimerie Regard, rue de la Barre. »

Du reste, aussi longtemps que ce journal a continué à paraître, les persécutions de tout genre ne lui ont pas été épargnées.

Dans le n° 3, on remarque un article du baron de Ponnat sur l'*invention de la vraie croix* (3 mai). Il paraît que c'est seulement en l'an 326 que son gisement fut révélé en songe à l'impératrice Hélène, mère de Constantin. Elle alla à Jérusalem, fit démolir un temple de Vénus, fouiller les fondations. On y trouva trois croix. Celle de Jésus était indiquée par un écriteau illisible signifiant : *Jésus de Nazareth, roi des Juifs*, etc.

Dans le n° 5, une petite pièce de vers : *transaction honnête* (Cinquante francs payés comptant, etc.), attira au directeur, Denis Brack, une condamnation à 15 jours de prison et 200 francs d'amende.

Dans le n° 13, nous remarquons un article de M. Ch. Leballeur-Villiers, intitulé : *L'Homme sous les religions* :

« Il est remarquable que toutes les religions s'efforcent d'inspirer aux hommes la soumission, la crainte, l'épouvante.

« Il n'y a pas un seul dieu, parmi tous ceux adorés sur le globe, dont l'essence soit la bonté. Tous sont sévères, menaçants et même cruels. Partout, par leurs prêtres, ils s'emparent des jeunes intelligences sur lesquelles ils greffent des idées fausses et saugrenues. »

Ce qui inspire à l'auteur ces réflexions, c'est le *Catéchisme* de 1860, avec approbation des évêques. En voici quelques passages :

« *Demande.* — Qu'est-ce qu'un mystère ?

« *Réponse.* — C'est une vérité que nous ne pouvons comprendre, mais que nous devons croire fermement, parce qu'elle nous vient de Dieu.

« *D.* — Que devint l'âme de Jésus-Christ lorsqu'elle fut séparée du corps ?

« *R.* — Elle descendit aux enfers, c'est-à-dire dans les limbes, pour délivrer les âmes des justes et les conduire au ciel avec lui (*simple observation : — Autrefois, avant que Galilée eût établi que la terre était ronde, c'est dans ses entrailles que le catéchisme plaçait son enfer....*).

« *D.* — Ceux qui ne sont pas de l'église, peuvent-ils être sauvés?

« *R.* — Non, hors de l'église point de salut. Celui qui n'a pas l'église pour mère, n'a pas Dieu pour père; etc., etc. »

Dans le nᵒ 19, on remarque un article de A.-S. Morin (dit *Miron*), intitulé : *Les couvents bi-sexuels.* On y parle des nombreux couvents d'hommes et de femmes voisins les uns des autres, et dans lesquels on a découvert des souterrains qui leur donnaient le moyen de se visiter aussi souvent qu'ils le jugeaient convenable et sans exciter l'attention et la malignité du public. « Maintenant, poursuit Miron, on se gêne moins et, dans beaucoup de maisons, les religieux des deux sexes vivent ostensiblement sous le même toit. Il a suffi de poser en principe que le service de la lingerie et celui de l'infirmerie ne peuvent être convenablement remplis que par des femmes et que les religieuses ont plus de capacité sous ces deux rapports que les autres femmes. Dès lors, elles sont établies à demeure dans les séminaires et dans nombre de couvents des religieux.

« Réciproquement, dans les couvents de femmes, le prêtre, supérieur ou aumônier, a son logement. Quelquefois, un directeur ne suffit pas, et il y a un groupe de moines. A Boissy-le-Sec (Eure et Loire), le même bâtiment réunit trappistines et trappistes; ces derniers, bien entendu,

sont chargés exclusivement de diriger la conscience des nonnes. Il est admis, dans le monde
dévot, que les personnes consacrées à Dieu sont
étrangères aux passions humaines et peuvent
avoir des relations familières sans qu'il se com-
mette infraction au vœu de chasteté. Parfois,
il est vrai, on parle de religieuses enceintes,
obligées de changer de couvent, d'accouchements
clandestins, etc., et l'on désigne certains con-
fesseurs, etc.; mais le clergé étouffe tous ces
bruits et trouve toujours une explication telle
quelle à tous les faits scandaleux, ou même cri-
minels.»

Dans le nº 23 (25 septembre 1869), nous remarquons la condamnation de deux frères instituteurs dans les écoles communales de Beau-
vais, Almerée et Almir, l'un à dix ans de travaux forcés pour avoir commis 14 attentats à la
pudeur sur la personne de jeunes garçons âgés
de moins de treize ans, et l'autre aux travaux
forcés à perpétuité pour avoir, en quatre mois,
rendu trente-deux enfants victimes de sa lubri-
cité. Denis Brack, auteur de l'article, dit que
ces faits et des condamnations analogues arrivent
très-souvent, et que lui-même, en juillet 1865,
se trouvant à Versailles, il a entendu condamner aux travaux-forcés à perpétuité un frère du
nom de Gesbert; dans son école à Dourdan (Seine
et Oise), sur 140 élèves, 82 avaient eu à subir
les atteintes des frères!... Il cite un grand nombre
de condamnations de frères pour les mêmes causes,
et il y a des faits vraiment horribles. Ainsi, à

Montfaucon (Haute-Loire), le frère Pouhols, dans une sotte colère de jalousie, a mutilé un jeune garçon de quinze ans. A Saintes (Charente-inférieure), dans une seule école, une centaine d'enfants furent odieusement souillés par les frères, etc. D'après une statistique spéciale, les frères et instituteurs congréganistes ont commis proportionnellement douze fois plus de crimes que les instituteurs laïques.

Nous distinguons aussi dans le nº 32 un petit article de Brack : l'*Infaillibilité papale*. C'est, en peu de mots, une histoire résumée de la papauté. Depuis Simon Bar Jonas, dit *Saint Pierre*, jusqu'à Pie IX, il y a eu 293 papes dont 31 ont été désignés comme usurpateurs, *antipapes*. — Sur les 262 papes légitimes, 64 ont péri violemment:

18 sont morts empoisonnés,
Etienne VI a été étranglé, ainsi que Benoît VI,
Jean X étouffé,
Léon III et Jean XVI mutilés,
Luce II tué à coups de pierre,
Jean XIV affamé,
Grégoire VIII dans une cage de fer,
Célestin V avec un clou enfoncé dans les tempes,
Clément V brûlé sur un lit d'agonie,
Boniface VIII s'est suicidé,
Pie IV est mort d'excès dans les bras d'une femme,
26 papes ont été déposés, exilés ou expulsés, sans compter les papes d'Avignon,

28 ont appelé l'étranger en Italie pour les soutenir sur leur siége,

35 papes furent hérétiques!....

En somme : 90 papes morts tragiquement, expulsés, etc. ; 35 qui auraient mérité de l'être
comme infidèles à l'institution pontificale ; et 28
qui auraient subi les mêmes châtiments si l'é-
tranger ne fut pas intervenu pour les sauver :
donc, sur 262 papes, 152 furent indignes. Quelle
garantie d'infaillibilité pour l'avenir!

Le n° 38 contient encore un bon article de
Miron sur le *Saint Prépuce*. L'abbaye de Coulombs, diocèse de Chartres, possédait cette précieuse relique, qui avait la vertu de rendre
fécondes les femmes stériles, et de procurer
d'heureux accouchements aux femmes enceintes.
En 1422, Henri V, roi d'Angleterre et maître
d'une grande partie de la France, l'emprunta
aux religieux de Coulombs et la fit toucher à sa
femme, qui accoucha heureusement ; fidèle à sa
parole, il renvoya le *joyau* en France. Le saint
Prépuce existe donc toujours dans l'église de
Coulombs, devenue paroissiale, et les femmes
enceintes y viennent en foule éncore aujourd'hui
pour le baiser respectueusement. Mais d'autres
églises se vantent également de posséder le seul
vrai prépuce de N.-S. Jésus-Christ, coupé le jour
de la circoncision : la cathédrale de Puy en Ve-
lay, la collégiale d'Anvers, l'abbaye de Saint-
Sauveur de Charroux, l'église de St-Jean de
Latran, à Rome, l'église de Hildesheim, en Saxe,
et la cathédrale de Metz où la relique était au-

trefois l'objet d'un culte très-pompeux. Aux ro-
gations, on portait ce saint prépuce en proces-
sion. A Saint-Jean-de-Latran, lors du sac de
Rome, en 1527, un soldat enleva du sanctuaire
de cette église une caisse de reliques; il la cacha, et on ne la retrouva que trente ans après.
On ne savait pas ce qu'elle contenait. La dame
du lieu, aidée de deux de ses parents et d'un
prêtre, ouvrit cette caisse, y trouva diverses reliques; mais arrivée à un petit paquet sur lequel
on lisait le nom de Jésus, elle sentit ses mains
devenir tout-à-fait raides, et elle s'écria que ce
paquet contenait le saint-prépuce. Une jeune
vierge de sept ans, d'après le conseil du prêtre,
fit l'ouverture du paquet. Le saint-prépuce exha-
lait une odeur des plus suaves; on le plaça dans
le sanctuaire, et il opéra un grand nombre de
miracles, etc., etc.

Charroux est une abbaye fondée en 788 par
Charlemagne qui lui fit présent de dons consi-
dérables, et, entre autres reliques, d'un morceau
de chair rouge (caro rubra, d'où est venu le
nom de charroux) détaché par la circoncision
de la chair du Christ. Des bulles de plusieurs
papes y attachèrent des indulgences; mais malheureusement, au XVe siècle, cette relique dis-
parut, à la suite de la prise de Charroux par
les Huguenots. Un ouvrier maçon, en abattant
un pan de mur, la retrouva en 1856, et le 14
janvier 1859, l'évêque de Poitiers déclara que
ces reliques étaient bien celles possédées par
l'ancienne abbaye, et il rétablit l'ancien céré-

monial. On se moqua beaucoup de lui, mais il publia en 1863 une réfutation des mauvais plaisants. Il y déclare, que comme chrétien, il pardonne à ses ennemis ; *mais, comme pontife, il serait bien aise que le bras séculier se chargeât de les châtier.*

Dans le n° 43 de l'*Excommunié*, nous remarquons des articles de MM. J.-M. Cayla, Pierre Lagarguille, etc., sur les jésuitesses et sur les jésuites de robe courte. Les jésuitesses s'appellent *dames du sacré-cœur*. Elles élèvent les jeunes personnes, les riches héritières, les filles de la noblesse, et, comptant des succursales dans presque toutes les grandes villes de France, et même dans nombre de villages, elles ont des auxiliaires innombrables portant toutes sortes de noms et costumes, pour l'enseignement des femmes. Elles n'ont point besoin de capacité ; leurs *lettres d'obédience* leur tiennent lieu de diplôme.

Quant aux jésuites que l'on appelle de robe courte, ce sont ceux qui, bien qu'affiliés réellement à la confrérie de Loyola, n'en portent point l'habit et composent sa police secrète. Ces auxiliaires, ou *coopérateurs*, comme on les appelle, sont répandus en grand nombre dans tous les rangs de la société. Il est difficile de les reconnaître et d'échapper aux pièges qu'ils vous tendent. Les uns, prenant hypocritement toutes les formes, tous les visages nécessaires, s'introduisent dans les familles où le froc n'aurait aucune chance d'être admis. Affectant l'indiffé-

rence en matière religieuse et politique, insi-
nuants, polis, obséquieux, ils s'imposent par
tous les moyens possibles, et même, en cas de
besoin, par quelques petits services rendus à
propos. Il surprennent les secrets des familles,
brouillent les amis, divisent les parents. Un
jour, tout vous devient revêche, rien ne vous
réussit, une sorte de fatalité vous poursuit. Vous
voyez vaciller autour de vous le crédit, la considération, l'estime, sans que rien le justifie, et
celui qui vous perd ainsi continue à vous parler et à vous souvire d'un air béat. — La seconde catégorie des jésuites de robe courte, les
cyniques ceux-ci, sont hommes d'affaires, courtisans, journalistes, valets plus ou moins ga-
lonnés. Ils mènent de front les plaisirs et les
austérités ; ils boivent plus de vin de champagne
qu'ils n'usent d'eau bénite ; ils manient à la
fois l'épée et le cierge, le revolver et le gou-
pillon. Ils sont l'avant-garde, les fier-à-bras,
les engueuleurs des jésuites. Ils font le plus de
bruit possible. Ils injurient, calomnient, provo-
quent leurs adversaires pour empêcher toute
discussion, tout éclaircissement. A ce vilain
métier, certainement, ils s'attirent le mépris des
honnêtes gens de tous les partis, mais les honnêtes gens ne sont pas toujours en majorité, ou du
moins, ils sont faibles souvent. Les cyniques ont
de dispendieux besoins à satisfaire, ils absor-
bent énormément de toutes choses et ils coû-
tent les yeux de la tête aux chers frères. Le
général a mis plusieurs fois sur le tapis la ques-

tion de les supprimer, mais on a reculé devant cette mesure extrême dans la crainte de les voir passer à l'ennemi avec armes et bagages.

Ce n° 43 de l'*Excommunié* est consacré uniquement aux jésuites; il a obtenu un tel succès qu'il a dû en être fait cinq tirages successifs. Dans le n° 45, on trouve aussi sur eux quelques autres détails. Il est question d'abord de plusieurs de leurs *œuvres*: la *Société des enfants de Marie*, pour diriger des jeunes filles de 14 ans et au-dessus; la *Société des mères chrétiennes*, réunissant environ 10000 femmes! Un sermon est donné chaque mois aux femmes seules; les maris en sont rigoureusement exclus. Il est clair, ajoute Karl Brunner, l'auteur de l'article, que c'est un moyen de fabriquer des mères chrétiennes. — Ici se place naturellement l'*archiconfrérie de Saint-Joseph*. C'est dans l'église de ce nom que l'on se réunit. On y porte les fameux cordons que vous savez... — N'oublions pas la *Société des familles* dont le centre est à Lorette, capitale jésuitière, et qui rayonne sur toutes les paroisses.

Nous voyons ensuite les *Mémoires autographes de la Vierge-Mère*, publiés par un R. P. jésuite. Marie y raconte sa propre histoire dans le style d'une bonne bourgeoise, d'une grisette, et avec mille détails ridicules. L'*Excommunié* fait d'amusantes citations des articles: *Mon physique; — Mon éducation; — Je suis demandée en mariage; — Je me résous au mariage; — la Visite de l'ange; — Saint-Joseph n'est pas content;* etc. Voici, par exemple, le récit de l'annonciation. La Vierge avait pris quelques moments pour vaquer à la méditation et à l'oraison. «..... Un petit bruit inaccoutumé se fait entendre. Je crus que c'était saint Joseph qui m'appelait. Je me retourne, et je vois un homme étincelant de lumière qui m'adresse ces paroles : « *Ave, gratia plena.* — Je vous « salue, pleine de grâce ! » — Aussitôt, le trouble s'empare de mon âme, et mon trouble augmente lorsque ces paroles sont accompagnées d'un compliment..... « *Dominus tecum.* — Le Seigneur est avec vous et vous êtes bénie entre toutes les femmes ! » — L'ange s'aperçut de mon trouble et ajouta : « Ne craignez point, Marie ; vous avez « trouvé grâce devant Dieu. Vous concevrez et « mettrez au monde un fils que vous appellerez « Jésus. » — Je répondis à l'ange : « Ce que vous « dites est impossible, parce que j'ai fait vœu « de virginité. » L'ange me répondit que ma virginité ne serait point violée, que le Saint-Esprit formerait en moi le corps de l'enfant dont je serais mère, que cet enfant serait saint et serait appelé fils de Dieu.... — Je n'avais plus d'excuse..... »

Dans le nº 48, nous remarquons un nouvel article de Miron sur saint Joseph, *le bon vierge.* « On a divinisé Marie, dit-il. Le journal intitulé *le Rosier de Marie* a pour épigraphe : « *Tout* « *dans le monde se fait par Marie, rien sans* « *Marie.* » Dès-lors on a senti le besoin de grandir son mari. On parle de lui confectionner un *cœur*, à l'instar de ceux de Jésus et de Marie. En attendant, les pères Maristes exploitent son *cordon*, précieuse amulette dont ils se sont réservé le privilége, et qui opère une infinité de miracles, comme on peut s'en assurer par le petit livre du père Huguet, intitulé : *Vertu miraculeuse du cordon de saint-Joseph.* Le même père publie aussi une feuille mensuelle intitulée : *Propagation de la dévotion à saint Joseph,* feuille qui n'est remplie que de narrations des merveilleux effets du cordon. — Dans la plupart des pensionnats dirigés par les bonnes sœurs, les lettres qu'écrivent les élèves ont pour entête les trois initiales J. M. J., c'est-à-dire : *Jésus, Marie, Joseph;* nouvelle trinité qui menace de supplanter l'ancienne. « Les titres de saint Joseph sont des plus solides. D'abord, en sa qualité de père nourricier de l'enfant Jésus, il le débarbouillait, le nettoyait, changeait les langes; tout lui passait par les mains. Jadis, le *porte-coton* était un grand officier de la couronne. Joseph portait bien autre chose que du coton! De plus, il était d'une chasteté incomparable, à rendre des points aux rosières les plus candides. Aussi lui met-on à la main un lis, symbole de sa pureté immaculée. Il est donc digne de faire pendant à la *bonne vierge* et d'être proclamé le *bon vierge.* »

Le n° 49 est consacré aux crimes des Jésuites. Nous y trouvons, entre plusieurs articles remarquables, une analyse du livre publié en 1648 par le jésuite Pierre Jarrige, recteur du collége

de Bordeaux. C'est un in-12 de 108 pages intitulé : *les Jésuites mis sur l'échafaud.* Cet ouvrage est divisé en 12 chapitres. Le premier,
qui n'est guère qu'une introduction, est consacré
à démontrer que *la coutume des jésuites est
d'attaquer toujours ceux desquels ils peuvent
avoir une juste appréhension qu'ils révèlent
leurs crimes.* — Le chapitre II contient *les crimes de lèse-majesté commis par les jésuites.*
Le chapitre III révèle *les usurpations et an-
tidates* (faux) *commises par les Jésuites.* Jarrige, à la fin de ce discours, annonce que plus
tard il publiera « *comment les révérends pères
prennent occasion, en confessant les concubi-
nes des prélats, de s'emparer de l'esprit et des
bénéfices de levrs ruffiens.* » Le chapitre IV
concerne *les meurtres des petits enfants trouvés commis par les Jésuites,* dans l'hôpital di-
rigé par eux à Bordeaux. Les chapitres V à X
formulent diverses accusations d'*Impudicités
dans les classes des Jésuites, dans leurs visites, dans leurs maisons, dans leurs voyages
et aux maisons des champs, et dans les couvents des nonnains.* Dans ces chapitres, l'auteur
accuse les Jésuites de n'avoir respecté ni l'âge,
ni le sexe de leurs victimes. Il cite des faits
nombreux, des noms propres, invoque les té-
moignages vivants. Dans le chapitre XI, il accuse les Jésuites de *faire de la fausse monnaie,*
offre d'en fournir la preuve juridique, et nomme
même quelques membres de l'ordre coupable de
ce crime. Le chapitre XII reproche aux Jésuites

leurs *vengeances et ingratitudes*. — Bref, Jarrige trouve dans son seul collége des faussaires,
des faux-monnayeurs, des meurtriers, des sacri-
léges, des sodomistes, etc., coupables, non pas
d'un ou de deux attentats, mais de vingt, de
cinquante, de cent. « Qu'on juge à présent,
s'écrie-t-il, la Société entière sur un pareil
échantillon! » — Après ces douze chapitres viennent des *Réflexions sur les douze discours pré-
cédents*.

Nᵒˢ 52 et 55, *l'Ecole des jeunes filles, ou
Lettres d'un athée*; par Adolphe Royannez.
L'auteur fait remarquer à son élève que, d'après
les dévots personnages qui se sont emparés de
l'esprit des femmes, elle n'est qu'un être impur
et maudit, source du péché, cause de tous les
maux du monde, origine de tous nos malheurs
et de tous les fléaux qni nous accablent; c'est
elle qui a fait condamner l'humanité à la misère,
aux fatigues, à la maladie, à la mort. La femme
est esclave, car, dit saint Paul, elle a été faite
pour l'homme, et non point l'homme pour la
femme. C'est un être tellement inférieur et avili
qu'elle est incapable d'exercer le sacerdoce. Non
seulement, elle doit se confesser à un homme,
tandis qu'elle-même ne peut recevoir la confes-
sion de personne; mais encore elle n'est pas
admise à l'honneur de servir la messe et elle est
exclue du chœur des églises comme indigne d'approcher du Sanctuaire. Non seulement, les prêtres proclament la déchéance de la femme, mais,
faisant du célibat l'état le plus saint, le mariage

n'est toléré que pour les imperfections du plus grand nombre des fidèles. Le célibat est supérieur au mariage parce que, selon eux, *tout contact avec la femme est une souillure!*

« Or, mademoiselle, pour nous autres monstres et misérables athées sans foi ni loi, la femme est la source de toute noble inspiration, de toute consolation, de tout bonheur, de la vraie moralité. L'amour d'une femme est l'un des plus grands biens auxquels nous aspirons. Nous protégeons leur faiblesse ; nous défendons leurs droits ; nous la voulons heureuse et respectée ; nous cherchons à la dégager des ténébres dans lesquelles on a plongé son esprit, à l'instruire, à la relever à ses propres yeux, à lui apprendre à faire usage de sa raison et à rechercher la justice et la vérité dont elle pourra dès-lors transmettre les premières notions à ses enfants, espoir de l'avenir, au lieu de les abrutir avec des menaces de croquemitaine. »

Le n° 65 contient la *Physiologie des Ignorantins.* En 1863, la France contenait 8600 ignorantins élevant 444,000 garçons , et 38,000 ignorantines élevant 1 million 167,000 filles ! — et ces chiffres, en 1870, étaient encore considérablement augmentés ! Or, cet enseignement ne brille. que par son ignorance ; il n'y a guère que les frères directeurs qui aient un brevet de capacité. Chez les sœurs, c'est pis encore. Sur huit mille supérieures, la plupart n'ont pas le moindre brevet et n'ont qu'une simple *lettre d'obédience*. L'éducation de la jeunesse se trouve ainsi livrée à une puissance occulte, abrutissant autant qu'il lui est possible, au lieu de les instruire, les générations de l'avenir. Pour apprécier les dangers multiples de cette éducation faite par les ignorantins, il est bon de lire avec attention tout ce numéro 65 et même le n° 66.

Dans ce dernier numéro, Miron raconte l'histoire du jeune jésuite Stanislas Kotska. Il aimait tant la Vierge qu'un jour qu'il était malade, elle lui fit l'amitié de venir le voir. Elle tenait dans ses bras l'enfant Jésus, et elle le déposa sur le lit, afin de causer librement avec le malade. Malheureusement, cette remarquable conversation n'a pas été reproduite par les historiens.

L'Excommunié est, on le comprend, un recueil destiné à devenir très-rare. Condamné plusieurs fois, il allait être forcé de cesser de paraître, lorsque les événements de la guerre lui en firent une nouvelle loi. Parmi les collaboratrices, on distinguait plusieurs dames, mesdames Pauline Souci, Paule Minck, etc.

J. B. D. N.

MÉLANGES

Liste de publications remarquables faites hors de France.

Les personnes lettrées connaissent bien toutes les publications faites en France et qui méritent, à un titre quelconque, d'être remarquées; le *Journal de la librairie*, très-bien fait, les tient constamment au courant. Mais, quant aux publications faites à l'étranger et qui ne sont pas annoncées en France, il serait utile qu'une certaine connaissance en fut accessible aux esprits qui s'y intéressent, et c'est un petit service que nous voudrions pouvoir leur rendre. Si l'essai de ce genre que nous faisons aujourd'hui est bien accueilli, nous tâcherons de continuer et d'être aussi complets et exacts que possible.

HOLLANDE. — Un petit volume in-12, publié chez R. C. Meijer, à Amsterdam, est un des ouvrages nouveaux les plus curieux que nous ayions reçus de ce pays; il est intitulé: *Letterkundige Kunststukjes* (Curiosités littéraires). Ce volume, dont le texte est en hollandais, contient des poésies de toutes sortes de langues: en portugais, en espagnol, en latin, en allemand, en anglais, etc. Toutes sont très-originales et bien choisies. Nous ne résistons pas, pour en donner

la preuve, à citer quelques petites pièces françaises ; commençons par une chanson de Pa-
nard :

> *Nous ne pouvons rien trouver sur la terre*
> *Qui soit si bon ni si beau que le verre.*
> *Du tendre amour berceau charmant,*
> *C'est toi, champêtre fougère,*
> *C'est toi qui sers à faire*
> *L'heureux instrument*
> *Où souvent pétille,*
> *Mousse et brille*
> *Le jus qui rend*
> *Gai, riant,*
> *Content.*
> *Quelle douceur*
> *Il porte au cœur!*
> *Tôt,*
> *Tôt,*
> *Tôt,*
> *Qu'on m'en donne.*
> *Qu'on l'entonne ;*
> *Tôt,*
> *Tôt,*
> *Tôt,*
> *Qu'on m'en donne,*
> *Vite et comme il faut :*
> *L'on voit sur ces flots chéris*
> *Nager l'allégresse et les ris.*

Maintenant une pièce de 25 vers se terminant
par les diverses lettres de l'alphabet. Elle est
due à Camille Debans :

> *Quand Adam fut créé, tout seul il s'ennuy*   A
> *Dans de vagues pensées trop souvent absor*   B
> *Il suppliait son Dieu de les faire ces*   C
> *Dieu crut à ses désirs devoir enfin cé*   D.

L'*Homme en fut pour sa côte... Eve alors fut créé* E
Eve était séduisante et belle au premier ch   F
Depuis la création sa race a peu chan   G
Et de plaire et séduire elle s'est fait la t   H.
A force de s'aimer le monde s'arrond   I
L'amour, ce doux plaisir, cette douce ma   J
Ne donnait que bonheur et jamais de tra   K
La femme était constante et le mari fid   L
Que faire! Ils étaient seuls, il faut bien que l'on s' M
Pas de rivaux d'amour, pas d'ennui, pas de h   N
Oh! c'était le beau temps des plaisirs, du rep   O
Tandis que de nos jours on voit l'homme occu   P
Courbant sous le destin, par le besoin vain   Q
Et pour qui le travail devenu néces   R
S'assied à son chevet, le poursuivant sans ces   S
Eh! bien, soit; travaillons et vive la gaî   T
Que jamais le chagrin ne nous trouve abatt   U.
J'ai vu soixante hivers; je pense avoir trou   V
Des amis que je tiens en réserve au beau fi   X
Je crois à ce bonheur; comme moi croyez   Y
Et qu'un Dieu protecteur nous soutienne et nous Z.

Epitaphe de Maurice de Saxe, mort à l'âge de 55 ans. Le dernier vers fait allusion à sa religion; il était protestant:

Son courage l'a fait admirer d'un chac   1
Il eut des ennemis, mais il triompha   2
Les rois qu'il défendit sont au nombre de   3
Pour Louis son grand cœur se serait mis en   4
En amour c'était peu pour lui d'aller à   5
Nous l'aurions s'il n'eût fait que le berger Tir   6
Mais, pour avoir souvent passé douze, hic ja   7
Il mourut en novembre, et de ce mois le   8
Strasbourg contient sa cendre en un tombeau tout 9
Pour tant de Te Deum *pas un* De profun   10

———
55

Vers à double sens, selon que l'on les lit en-
tiers ou que l'on les coupe par la césure :

Vive à jamais	*L'empereur des Français*
La famille royale	*Est indigne de vivre :*
Oublions désormais	*La race des Capets*
La race impériale	*Doit seule lui survivre !*
Soyons donc le soutien	*De ce Napoléon.*
Du comte de Chambord	*Chassons l'âme hypocrite*
C'est à lui qu'appartient	*Cette punition,*
La raison du plus fort	*A son juste mérite.*

Voici des bouts-rimés bien remplis par un
poëte nommé Mouzin :

CEUX QUE JE HAIS.

Je hais celui qui trompe et flétrit une	femme.
Je hais Tibérius, Néron,	Catilina,
Et les autres tyrans. — Je hais l'homme dont l'	âme
Devant quelque danger lâchement	fouina ;
Celui qui pour avoir des honneurs, rampe et	jongle ;
Celui qu'on paye afin qu'il soit bon	citoyen ;
Celui qui veut toujours au prochain rogner l'	ongle ;
Celui qui, baptisé, devient juif ou	païen.
Du sol qui fait mûrir la douce	mirabelle,
De ma chère Provence, où naquit	Mirabeau,
Je hais les ennemis. — De ma vie encor	belle,
Je hais tel qui voudrait éteindre le	flambeau.
Je hais un ignorant qui blâme l'	Orestie,
Qui méprise Dumas, Méry, Karr,	Gabrio,
Et tant d'autres à qui la gloire est	répartie.
Je hais les gens qui font abus de l'	agio ;
Les riches qui, voulant faire aux pauvres la	figue,
Leur refusent du pain et dînent d'un	faisan ;
La tourbe des jaloux qui contre nous se	ligue ;

14*

Le prodigue qui jette aux chiens le   parmesan ;
L'avare qui voudrait dîner d'une   noisette ;
Le gourmand trop gorgé de vin et de   pâté ;
Le fat qui, sans rougir, insulte la   grisette,
Et le lecteur qui dit : « Que Mouzin soit   bâté ! »

Enfin, pour terminer ces citations, donnons la petite épître adressée par Théophile Gautier à son ami Charles Garnier :

Garnier, grand maître du fronton,
De l'astragale et du feston,
Mardi, lâchant là mon planton,
Du fond de mon lointain canton,
J'irai chez toi, tardif piéton,
Aidant mes pas de mon bâton,
Et précédé d'un mirliton,
Duillius du feuilleton,
Je viendrai, portant un veston
Jadis couleur de hanneton,
Sous mon plus ancien hoqueton.
Les gants et le col en carton,
Les poitrails à la Benoiton
Et les diamants en bouton
Te paraîtraient de mauvais ton
Pour ce fraternel gueuleton,
Qu'arrosera le piqueton.
Que ce soit poule ou caneton,
Perdrix aux choux ou miroton,
Pâté de veau froid ou de thon,
Nids d'hirondelle de Canton
Ou gousse d'ail sur un croûton,
Faisan ou hachis de mouton,
Pain bis, brioche ou paneton,
Argenteuil ou Brane-mouton,
Cidre ou pale-ale de Burton,
Chez Lucullus ou chez Caton,

Je m'emplirai jusqu'au menton,
Avalant tout comme un glouton,
Sans laisser un seul rogaton
Pour la desserte au marmiton.
Pendant ce banquet de Platon,
Mêlant Athéne à Charenton,
On parlera de Wellington
Et du soldat de Marathon,
D'Aspasie ou de Mousqueton
Et du Saint-Père et du Santon ;
Chacun lancera son dicton,
Allant du char de Phaëton
Aux locomotives Crampton,
De l'Iliade à l'Oncle Tom,
Et de Babylone à Boston.
A très-grand'peine saura-t-on
Si c'est du basque ou du teuton,
Du sanscrit ou du bas-breton.....
Puis vidant un dernier rhyton,
Le ténor ou le baryton,
Plus faux qu'un cornet à piston,
Sur l'air de : Tontaine, tonton,
Chantera Philis ou Gothon,
Jusqu'à l'heure où le vieux Titon
Chasse l'aurore au frais téton.
Mais il faut finir ce centon
A la manière d'Hamilton,
Ou j'ai, pour mieux rimer en ton
Fait de la muse Jeanneton.
Dans mon fauteuil à capiton,
En casaque de molleton,
Coiffé d'un bonnet de coton,
Je m'endors et je signe : Ton...

Ami de cœur et de plume

THÉOPHILE GAUTIER.

BELGIQUE. — Voici la note de quelques publications faites en janvier et en février de la présente année 1876 :

Manuel d'économie domestique, à l'usage des écoles de filles; par Ch.-H. Barlet. Liège, chez L. Dethier, in-12 de 82 pages.

L'Ecole populaire et le rationalisme contemporain; par Eug. Bernimolin. Tome Ier, in-8 de 396 pp. à 2 colonnes. Liège. — L'ouvrage aura un second volume et coûtera 10 francs.

Histoire des évêques et archevêques de Cambrai, par l'abbé Alph. Bourgeois. Tournay, veuve Casterman, gr. in-8, 7 francs.

Histoire synchronologique des souverains pontifes et des évêques et archevêques de Cambrai; par l'abbé A. Bourgeois. Tournay, V. Casterman, gr. in-8 de 754 pp., 12 francs. — La maison Casterman est, comme en France, Mame, à Tours ; Ardant et Barbou fr. à Limoges; Poussielgue, Vaton, Meyrueis, Lecoffre, etc., à Paris, une grande fabrique de livres de piété et de mysticisme. Dans ces mois de janvier et de février seuls, cette maison a publié 40 à 50 petits volumes d'éducation, de poésies saintes, de petits romans religieux, etc.

Annuaire de l'horticulture belge. Gand, chez A. Hoste, in-18 de 180 pp., 2 francs.

Œuvres complètes de Saint Alphonse de Liguori, traduites de l'italien, etc.; par Léop. J.

Dujardin, prêtre. Tournay, Casterman, 3 vol. in-18, 7 fr. 50 c.

Essai sur l'industrie et le commerce belges, français et étrangers, leur état actuel et leur avenir; par Henri Houtain. Gand, lib. Ad. Hoste, in-8 de 272 pp. avec tableaux et cartes. 4 francs.

Le Droit pénal de la république athénienne, précédé d'une étude sur le droit criminel de la Grèce légendaire ; par Thonissen, prof. à l'Université de Louvain. Bruxelles, Bruylant-Christophe, in-8 de ix-49 pp., 9 francs.

Louise Lateau devant l'Académie royale de médecine de Belgique. Rapport médical sur la stigmatisée de Bois-d'Haine; par le D. Warlomont. Gand, Muquardt, in-8 de xx-260 pages, 4 francs.

La Filleule du Maréchal, parodie satirique de la filleule du Roi; par Georges Cavalier, représentée pour la première fois au grand théâtre politique de Versailles, le 25 février 1875. Bruxelles, Abel Blanche, in-8 de 32 pages. — M. Abel Blanche est le fils de M. J. Blanche, bibliophile distingué, mort récemment à Bruxelles. M. Georges Cavalier est un homme d'esprit bien connu sous le sobriquet de *Pipe-en-bois.* Il a fait représenter au théâtre des Galeries Saint-Hubert, au commencement de cette année-ci, une petite revue de l'an passé intitulée: *A l'Amigo !* — Quant à la *Filleule du Maréchal,* c'est une satire politique.

*Annuaire de l'Académie royale des Sciences,
des lettres et des beaux-arts de Belgique.* 1876,
42ᵉ année. Bruxelles, in-18 de 354 pages et 3
portraits, 1 fr. 50 c.

Traité d'Algèbre élémentaire; par V. Falisse
et J. Graindorge. Mons, Manceaux, in-8 de 304
pp., 4 francs.

*Essais sur les grandes époques de notre
histoire nationale, et mélanges politiques et
littéraires;* par le baron de Gerlache. 4ᵉ édition
(tome IV, de ses *Œuvres complètes*). Bruxelles, H. Goemaere, in-8 de 504 pages, 3 fr. 50 c.

*Aide-mémoire de médecine militaire. Re-
cueil de notes sur l'hygiène des troupes, les
subsistances militaires, etc.;* par Em. Hermant,
médecin de régiment. Bruxelles, Muquardt, in-18
de 524 pages, 5 francs.

ITALIE. — Liste de publications françaises
faites dans le premier trimestre de 1876:

*Procès Luciani et consorts. Assassinat de
Raphaël Sonzogno commis à Rome le 6 février
1875. Débats, etc.* Milan, à la typographie
Sonzogno, et Paris, à la Librairie illustrée, 1875,
in-16 de xxxii-504 pp., 4 francs.

*Etude sur la question d'Orient. La Turquie
et les réformes. Le panslavisme et le panger-
manisme. L'Autriche-Hongrie, etc.;* par Rob.
North. Rome, in-8 de 148 pp., 2 francs.

Un mot sur la Turquie et ses réformes; par Ant.-C. Cezune. Impr. du *Popolo Romano*, à Rome, et à Paris, galeries de l'Odéon. In-8 de 32 pages.

Théorie des formes binaires; par le chev. Faà di Bruno. Turin, gr. in-8 de XIII-320 pp. et 3 tabl., 16 francs.

Raccolta di 120 principali disegni originali di Michelangelo, Raffaelo, Leonardo da Vinci, Tiziano e d'altri celebri artisti, esistenti nella R. Accad. di Belle Arti in Venezia. Venise, fac-simile format in-4, en héliotypie, de 120 tableaux. 2 vol. rel. perc., 120 francs.

Magasin des arts et de l'industrie. Organe du progrès de toutes les branches de l'industrie artistique. 1re année. Milan, chez Ulric Hoepli, in-4°, 16 fr. par an.

Le Trésor littéraire et scientifique de la langue française; par Louis Arnulf. Savone, typogr. André Ricci, in-16 de 264 pp.

Que faire? roman, par N.-G. Tchernychewski. Milan, Robecchi, in-16 de 530 pp., 4 fr.

Recueil d'anecdotes, de dialogues, etc., à l'usage des écoles complémentaires; par Christine Griseri. Turin, in-8 de VIII-132 pp., 1 fr. 75 cent.

Gallicismes, idiotismes et isophones; à l'usage des écoles militaires; par A. Monastier. Turin, in-12 de VIII-236 pp., 2 fr. 50 c.

Œuvres de Rabelais, précédées de sa bio-
graphie et d'une dissertation sur la prononcia-
tion du francais au XVI⁰ siècle, et accompagnées de notes explicatives du texte ; par A.-L.
Sardou. Turin, J. Gay, tomes II et III, ouvrage
terminé. 30 fr. les 3 vol. — Le premier volume
est orné du portrait authentique de Rabelais et
d'un autographe de lui ; le 3ᵉ volume est terminé par une table curieuse des anecdotes, contes et historiettes contenus dans l'épopée rabe-
laisienne.

*Les Abyssiniennes et les femmes du Soudan
oriental, d'après les relations de Bruce, Browne,
Baker, Caillaud, etc.* Turin, Jean Gay, in-8 de
128 pp., 5 francs.

Un abrégé de l'histoire de Venise ; par le
baron Van den Steen. Venise, in-16 de 232 pp.,
3 francs.

*Bibliographie des ouvrages relatifs aux pé-
lerinages, aux miracles, au Spiritisme, et à
la prestidigitation*, imprimés en 1875. Turin,
in-8 ou in-12, 5 francs.

*Saisie de livres prohibés faite aux couvents
des cordeliers à Lyon*, en 1684. Turin, in-8,
5 francs.

Itinéraire de Rome et de ses environs ; par
Ant. Nibby. Rome, in-12 de xxII-458 pages, avec
18 vues, 8 plans, une carte des environs et beaucoup de vignettes dans le texte. 12 francs.

On a lu dans le premier volume du *Fantaisiste*, publié à San-Remo en 1873, une analyse et des extraits de quelques ouvrages de M. Julien Travers, bibliothécaire de la ville, à Caen, auteur de 10 volumes de poésies, intitulés: *Gerbes Glanées*, et de plus, d'un poëme en 4 chants intitulé: *les Francs-péteurs*. Ce dernier ouvrage lui a attiré quelquefois de mauvaises plaisanteries; il répondit à l'une d'elles, dit-on, par la petite facétie suivante. L'amateur qui en possède le manuscrit autographe, la croit encore inédite, et il nous semble, ainsi qu'à lui, qu'elle mérite d'être sauvée de l'oubli:

M. DE PISSEUILHAC

Voici la drôle d'histoire
Qui circule en ce moment.
Un magistrat éminent,
Plein d'esprit, chose notoire,
Dont le nom finit en ac,
Fut pris la main dans le sac.

Dans le quartier St-Gilles
(C'est le quartier des Travers),
Ce monsieur qui fait des vers
Et qui parle en fort beau style,
Le soir passait ses loisirs
Dans de singuliers plaisirs.

La chronique nous rapporte,
Mais en croyons-nous le bruit? —
Que chaque soir, à minuit,
Le long de certaine porte,
Qu'il plût ou qu'il fît très-beau,
Il pratiquait un cours d'eau.

L'honnête propriétaire
Dont il inondait le seuil,
Blessé dans son juste orgueil,
En prévint le commissaire
Qui fit surveiller céans
Ce drainage impertinent.

« Contre cet acte blâmable
Tâchez de me protéger,
Dit-il ; je veux me venger
De ce fait impardonnable,
En saisissant l'instrument
D'un pareil submergement. »

Le Commissaire se fâche
Et jure sur ses grands dieux
Que dans une nuit ou deux,
Il aura saisi le lâche
Qui commettait nuitamment
L'humide désagrément.

Tel fut de sa surveillance
Le scandaleux résultat
Que ce fut un magistrat
Qu'on surprit en délinquance.
Il maudit en ce moment
Cet espiègle amusement.

MORALE

De cette triste aventure
La morale la voici :
C'est, retenez bien ceci,
Que dans la magistrature,
Quand on respecte la loi,
Faut aller pisser chez soi.

Caen, juillet 1864.

Un amateur de la littérature macaronique se
propose de faire réimprimer (à petit nombre,
bien entendu) le très-rare recueil de proverbes
rimés par l'italien Barthélemy Bolla, et publié
en 1605, à Francfort (*apud Joannem Saurium*),
sous le titre de *Thesaurus proverbiorum Ita-*
lico-Bergamascorum rarissimorum et garba-
tissimorum, in gratiam melancholiam fugien-
tium.

Bolla se qualifie, sur le titre de son livre,
d'homme incomparable, cherchant la gaîté par
terre et par mer, et écrivant dans le but d'ouvrir les yeux des aveugles. M. Delepierre en a
parlé avec quelques détails (*Macaroneana andra*,
Londres, 1862, pp. 49-59). En attendant que ce
curieux et piquant *Thesaurus* revoie la lumière,
nous citerons un petit nombre des adages qu'il
renferme, en mettant une traduction française
au lieu et place de la version latine que contient
l'original :

Al tempo de la spiga la star la moglie.

A l'époque de la moisson, ne t'approche pas
de ta femme.

*La moglie del Zatta pigliava le mosche con le
chiappe del culo.*

La femme de Zatta prenait les mouches avec
son cul (Il y a là quelque allusion difficile à
découvrir aujourd'hui).

*La femina non è tanto malada che non posse
tener la schena a basso.*

Une femme n'est jamais assez malade pour être hors d'état de se coucher sur le dos.

Ove sonno femine et oche, non vi sonno parolle' puoche.

Là où il y a des femmes et des oies, il y a grands caquetages.

Tira più un pelo de donna che cento para di buovi.

Un cheveu de femme a pour tirer une force supérieure à celle de cent paires de bœufs (Théophile Gautier a développé cette idée dans une de ses pièces de vers).

———

— Un membre de la chambre des communes racontait dernièrement que, dans ses voyages, il lui est arrivé, je ne sais combien de fois, de souffrir de l'intolérance ou du caprice des femmes. Rien de plus commun que de rencontrer toute une série de wagons pris d'assaut par des demoiselles; impossible d'y pénétrer sans essuyer des rebuffades toujours dures à un cœur sensible. Le compartiment des *dames seules* reste vide: notre voyageur se présente à la portière. Le règlement lui interdit d'en prendre possession. Peut-on au moins contraindre les dames à l'occuper? Le même règlement dit non. Avouez que voilà vraiment une situation embarrassante.

Un autre voyageur quotidien (un *daily traveller*), écrit au *Times* qu'ayant à conduire en

Irlande deux de ses parentes qui désiraient voyager seules, il a prié un employé de suspendre à la portière de leur wagon une plaque portant la mention *réservé*. — « C'est inutile, monsieur, lui répondit l'employé; les voyageurs ne respectent jamais cet écriteau. Mais rien n'est plus simple: ayez l'obligeance de conduire vos parentes au compartiment des dames. Elles y seront seules; *les dames n'y montent jamais.* »

— Ailleurs, c'est une jeune miss qui s'installe dans le wagon des fumeurs et qui refuse de céder sa place à un fumeur authentique.

Immédiatement, des dames ont riposté et expliqué pourquoi elles redoutaient en wagon la compagnie de leur sexe.

Une correspondance du *Times* s'est exprimée en termes précis à cet égard:

« Depuis dix ans que cette femme estimable a l'habitude de voyager seule, elle n'a eu qu'à se louer des hommes; elle déclare qu'elle juge leur société comme étant d'un prix inestimable et qu'elle a toujours reçu leurs bons offices avec reconnaissance (Hum!). Il est rare que les femmes soient en mesure de donner avec précision un renseignement quelconque: de leur côté, les employés sont trop affairés ou trop distraits pour répondre autrement qu'en courant et il y a autant de chances d'être trompés par eux que de tomber juste.

« Pour les gentlemen, c'est tout différent: la plupart d'entre-eux sont des indicateurs vivants. Ce n'est pas tout: les portières et les glaces sont difficiles à ouvrir et à fermer; une faible femme y use ses forces ou y casse ses ongles. Il est arrivé à la correspondante du *Times* de se blesser la main et d'abîmer une paire de gants dans une de ses luttes contre une porte obstinée. Les gentlemen sont évidemment mis au monde pour ouvrir les portières récalcitrantes. Enfin leur conversation est généralement instructive ou amusante, tandis que des femmes réunies bavardent comme des pies sur des sujets futiles, sur des cancans de la vie privée et sont hors d'état de se hausser à des questions générales. »

— La *Pall Mall Gazette* a profité de l'occasion pour imaginer assez plaisamment le code des devoirs que chaque voyageur est tenu de remplir en chemin de fer à l'égard de toute femme jeune ou vieille, jolie ou laide :

« Art. 1er. Toutes les fois qu'un train s'approche de la station, un gentleman doit se lever, s'approcher de la portière et empêcher ses compagnes de descendre avant que le train soit complètement arrêté.

« Art. 2. Les passagers mâles doivent être de force à ouvrir et à fermer les portières ou les glaces réfractaires. Si le trajet est long, il y a dans cet exercice de quoi occuper utilement leur journée.

« Art. 3. Dans tout wagon où les femmes sont en majorité, le gentleman doit se placer au centre afin de surveiller avec succès la portière de droite et celle de gauche; si le temps est variable, il n'est que juste d'exiger de lui qu'il ouvre et ferme la fenêtre environ toutes les cinq minutes; c'est le plus sûr moyen de procurer aux voyageuses une ventilation agréable sans les exposer à des rhumes de cerveau.

« Art. 4. Le voyageur doit toujours répondre correctement aux renseignements qu'une femme lui fait l'honneur de lui demander.

« Art. 5. Si une femme vient à s'adresser à un employé, le gentleman doit se tenir à l'affut, rectifier le dire de l'employé s'il se trompe, et le compléter s'il est insuffisant. Tout gentleman devra donc se munir, quelques jours avant le voyage, d'un indicateur et s'en meubler scrupuleusement la cervelle.

« Art. 6 et dernier. Toutes les fois que le gentleman ne sera pas occupé à la manipulation des portes et des fenêtres, il sera tenu de charmer les loisirs du voyage par une conversation instructive et variée. »

Fin de la Première Livraison.

Une femme n'est jamais assez malade pour être hors d'état de se coucher sur le dos.

Ove sonno femine et oche, non vi sonno parolle' puoche.

Là où il y a des femmes et des oies, il y a grands caquetages.

Tira più un pelo de donna che cento para di buovi.

Un cheveu de femme a pour tirer une force supérieure à celle de cent paires de bœufs (Théophile Gautier a développé cette idée dans une de ses pièces de vers).

— Un membre de la chambre des communes racontait dernièrement que, dans ses voyages, il lui est arrivé, je ne sais combien de fois, de souffrir de l'intolérance ou du caprice des femmes. Rien de plus commun que de rencontrer toute une série de wagons pris d'assaut par des demoiselles; impossible d'y pénétrer sans essuyer des rebuffades toujours dures à un cœur sensible. Le compartiment des *dames seules* reste vide : notre voyageur se présente à la portière. Le règlement lui interdit d'en prendre possession. Peut-on au moins contraindre les dames à l'occuper? Le même règlement dit non. Avouez que voilà vraiment une situation embarrassante.

Un autre voyageur quotidien (un *daily traveller*), écrit au *Times* qu'ayant à conduire en

ficiles à ouvrir et à fermer; une faible femme y
use ses forces ou y casse ses ongles. Il est arrivé
à la correspondante du *Times* de se blesser la main
et d'abîmer une paire de gants dans une de ses
luttes contre une porte obstinée. Les gentlemen sont
évidemment mis au monde pour ouvrir les portières récalcitrantes. Enfin leur conversation est généralement instructive ou amusante, tandis que des
femmes réunies bavardent comme des pies sur des
sujets futiles, sur des cancans de la vie privée et
sont hors d'état de se hausser à des questions générales. »

— La *Pall Mall Gazette* a profité de l'occasion pour imaginer assez plaisamment le code
des devoirs que chaque voyageur est tenu de
remplir en chemin de fer à l'égard de toute
femme jeune ou vieille, jolie ou laide :

« Art. 1er. Toutes les fois qu'un train s'approche
de la station, un gentleman doit se lever, s'approcher de la portière et empêcher ses compagnes de
descendre avant que le train soit complètement arrêté.

« Art. 2. Les passagers mâles doivent être de force
à ouvrir et à fermer les portières ou les glaces réfractaires. Si le trajet est long, il y a dans cet exercice de quoi occuper utilement leur journée.

« Art. 3. Dans tout wagon où les femmes sont en
majorité, le gentleman doit se placer au centre afin
de surveiller avec succès la portière de droite et
celle de gauche; si le temps est variable, il n'est
que juste d'exiger de lui qu'il ouvre et ferme la
fenêtre environ toutes les cinq minutes; c'est le

Irlande deux de ses parentes qui désiraient voyager seules, il a prié un employé de suspendre à la portière de leur wagon une plaque portant la mention *réservé*. — « C'est inutile, monsieur, lui répondit l'employé ; les voyageurs ne respectent jamais cet écriteau. Mais rien n'est plus simple : ayez l'obligeance de conduire vos parentes au compartiment des dames. Elles y seront seules ; *les dames n'y montent jamais.* »

— Ailleurs, c'est une jeune miss qui s'installe dans le wagon des fumeurs et qui refuse de céder sa place à un fumeur authentique.

Immédiatement, des dames ont riposté et expliqué pourquoi elles redoutaient en wagon la compagnie de leur sexe.

Une correspondance du *Times* s'est exprimée en termes précis à cet égard :

« Depuis dix ans que cette femme estimable a l'habitude de voyager seule, elle n'a eu qu'à se louer des hommes ; elle déclare qu'elle juge leur société comme étant d'un prix inestimable et qu'elle a toujours reçu leurs bons offices avec reconnaissance (Hum !). Il est rare que les femmes soient en mesure de donner avec précision un renseignement quelconque : de leur côté, les employés sont trop affairés ou trop distraits pour répondre autrement qu'en courant et il y a autant de chances d'être trompés par eux que de tomber juste.

« Pour les gentlemen, c'est tout différent : la plupart d'entre-eux sont des indicateurs vivants. Ce n'est pas tout : les portières et les glaces sont dif-

plus sûr moyen de procurer aux voyageuses une ventilation agréable sans les exposer à des rhumes de cerveau.

« Art. 4. Le voyageur doit toujours répondre correctement aux renseignements qu'une femme lui fait l'honneur de lui demander.

« Art. 5. Si une femme vient à s'adresser à un employé, le gentleman doit se tenir à l'affut, rectifier le dire de l'employé s'il se trompe, et le compléter s'il est insuffisant. Tout gentleman devra donc se munir, quelques jours avant le voyage, d'un indicateur et s'en meubler scrupuleusement la cervelle.

« Art. 6 et dernier. Toutes les fois que le gentleman ne sera pas occupé à la manipulation des portes et des fenêtres, il sera tenu de charmer les loisirs du voyage par une conversation instructive et variée. »

Fin de la Première Livraison.

TABLE DES MATIÈRES